蔡文甫先生
凡夫俗子不凡不俗的一生

主編　李瑞騰

一生和逆流搏鬥的人沒有悲觀的權利。

——蔡文甫（1926~2020）

蔡先生日常工作身影。

2005 年蔡先生獲行政院新聞局金鼎獎特別獎。

任職華副 21 年 1 個月，蔡先生分別於 1986、1988 年兩度獲金鼎獎副刊主編獎。

九歌 20 週年。出版《台灣文學 20 年集》與各卷主編合影。左起：蔡文甫、陳義芝、白靈、李瑞騰、平路。

九歌 30 週年。與《台灣文學 30 年菁英選》各冊主編合影。左起：蔡素芬、蔡文甫、李瑞騰、阿盛、白靈。

九歌出版社四十週年社慶暨《九歌四十》新書發表會，為蔡先生最後一次參與公開活動。

九歌二十、三十及四十週年出版之專書。

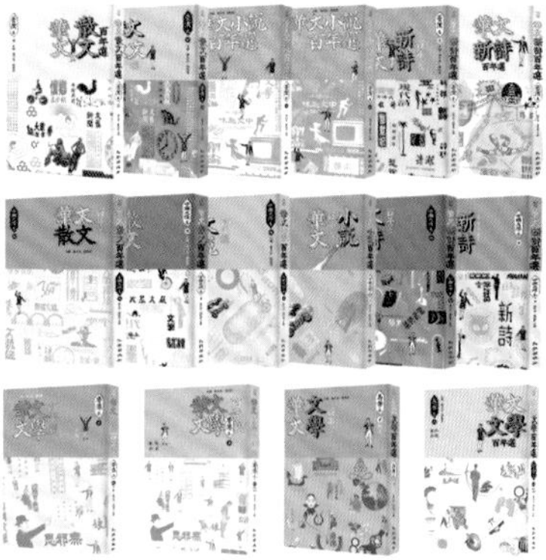

九歌出版社編印《中華現代文學大系》、《華文文學百年選》，有書寫文學史的雄心。

華文之外，九歌出版社積極譯介世界文學經典名著，以全譯本形式呈現。

副刊主編聚會。左起為中華日報副刊主編蔡文甫、聯合報副刊主編瘂弦、中央日報副刊主編梅新。

與作家梁實秋合影。
1987 年梁實秋仙逝，為彰顯梁實秋在散文及翻譯的成就，特與梁先生高足余光中在中華日報設立梁實秋文學獎，為台灣第一個以作家為名的文學獎。

五小定期開早餐會，並邀請同業參與。左起：林海音、葉步榮、陳遠見、蔡文甫、隱地、王榮文，姚宜瑛。

1982 年開始持續出版年度文選。九歌 100 年度文選頒獎典禮會後與主編及及年度得獎者合影。後排左起：侯文詠、蔡文甫、鍾怡雯。前排左起：楊富閔（代領）、吳鈞堯、林哲瑋、傅林統。

1992 年九歌文教基金會成立，特創辦現代少兒文學獎。圖為第二十屆九歌現代少兒文學獎贈獎典禮會後指導單位代表、兒童文學名家及得獎者合影。

2006 年 7 月 24 日，琦君追思會後貴賓合影。左起：葉步榮、隱地、蔡文甫、葉永烜、李唐基、吳麗珠、李瑞騰、洪惟助。

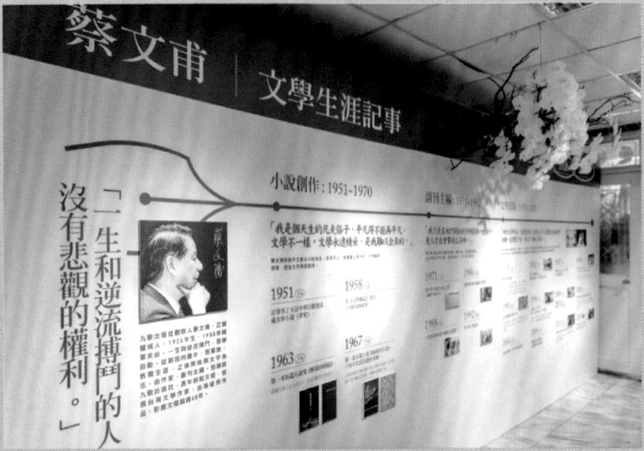

追思會現場設立蔡先生文學生涯記事看板。

2020 年 8 月 2 日蔡先生的告別追思會場的主視覺是蔡先生神采飛揚的壯闊人生。

文化部李永得部長帶來了蔡英文總統的褒揚令。

蔡先生告別追思會特刊。

【序二】不凡不俗的一生

李瑞騰

蔡文甫（一九二六—二〇二〇）為台灣著名小說家、編輯家、出版家。上世紀五〇年代，蔡文甫開始寫作，主要是小說，發表於重要文學傳媒，如《文學雜誌》、《現代文學》等，集結出書主要在六、七〇年代，著有十餘本長、短篇小說集，出版相當多元。其次，蔡先生於一九七一年起主編中華日報副刊二十一年，使得《華副》成為七、八〇年代台灣重要文學傳媒；一九七八年，蔡先生創辦九歌出版社，其後更有健行文化、天培文化之設，四十餘年間出版無數文學及非文學書籍，許多重要作家都曾在九歌出書，此外，他亦出版年度文學選集、文學大系等套書，有書寫文學歷史的雄心；一九九二年，他又成立了九歌文教基金會，在民間推動文藝公共事務，令人敬佩。

蔡先生於去年（二〇二〇）七月十五日辭世，我們在二〇二一年七月十一日舉辦追思座談會，探討他的一生，主題包括他的為人、文學、編輯與出版事業。邀請和蔡先生相識的蕭蕭、向陽和陳素芳談他的人，年輕學者趙慶華、汪淑珍、楊宗翰分別談他在小說、出版與副刊編輯方面的成就。另外也有不少九歌的作者、故舊門生等數十人參加。活動雖簡單，卻也隆重。我們在籌備期間比較全面整理了蔡先生的資料，包括重寫蔡先生的小傳、編製他的生平簡表、著作目錄及有關他的報導與評論目錄；同時架設活動網站，放上不少蔡先生的資料。

我個人和蔡先生結緣很深，因他的關係，我得以有機會在李唐基、琦君返國後認識他們夫妻；在蔡先生的協助下，二〇〇四年，我們邀請琦君回到她曾任教過的中央大學校園，舉辦「水是故鄉甜──琦君作品研討會暨相關資料展」；二〇〇五年，也因蔡先生的居中聯繫說明，李唐基先生捐款中大、指定用途，我因此能在中大中文系成立了「琦君研究中心」，直到現在。

琦君老師辭世後，琦君研究中心和九歌文教基金會在台北合辦一場大型追思會；現在，我們以中大人文研究中心的名義和九歌文教基金會合作辦理蔡先生的追思座談會，特別將活動成果編印成冊，內容包括前述三篇追思文章、三篇座談發言稿和蔡文甫資料，並把活動程序表及發表於《文訊》八月號的側寫當成附錄，重現活動現場。

我原本打算為蔡先生辦一場學術研討會，但有關他小說寫作和華副編輯方面約稿不易，後來改成追思座談，沒想到新冠肺炎疫情惡化，只能改用線上活動。相關事務，有的要取消，有的要增加，感謝人文研究中心行政專員鄧曉婷小姐耐心操持，助理梁俊輝先生、中文系研究生曾淑梅多所協助，九歌出版社陳素芳總編輯和編輯部同仁，一起參與工作，於此一併致謝。

【序二】

依然綻放著光采

蔡澤玉

父親在全世界疫情蔓延之際離開，當時我們怎麼也想不到，今年疫情席捲台灣，出版產業會如此慘烈，可以說哀鴻遍野，銷售報表數字之糟糕超乎想像。所有的活動都被迫中止，每年都舉辦的少兒文學獎的評審會議也一延再延，最終只能採用線上方式；國際書展被迫取消兩次，幸好一年一度文選的記者會在疫情不嚴峻時舉辦，充分顯現了疫情如何影響文化發展的諸面向。

父親週年逝世追思會也因疫情影響改為線上，如果父親知道應該會露出不可思議的表情，這超出他的理解與想像。本來我也覺得沒有實體活動有些遺憾，沒想到在線上看到許許多多前輩、好友都來參加了，打破了縣市區域的障礙，讓我深受感動，同時也發現科技的偉大。網路世界可以用不同形式串連彼此，也許我們少了面對面親密接觸的機會，換個角度，卻拉近了遠方的關心。

疫情改變了世界，工作方式改變了，人與人的關係也跟著改變，然而從少兒文學獎評審會議到父親逝世週年追思會，我發現評審老師的熱忱並未改變，作家們熱愛文學的心也持續火熱，父親生前努力經營的點點滴滴，如今也依然綻放著光采，而我們持續努力的心情也很堅定，就好像父親永遠還在，陪著我們走推動台灣文學發展的漫漫長路。

目錄

蔡文甫先生資料

附錄

懷念

蔡文甫健步而行的啟發

蕭蕭

最近整理寫作五十週年的散文作品《心靈低眉那一刻》，列出這五十年來的散文書目，剛好三十二冊，其中，從一九八四年的《太陽神的女兒》開始，有十六冊是由蔡文甫先生（一九二六—二〇二〇）的九歌、健行編輯出版的，這一半／一半的數據，說不定可以誇張的說，一個「九歌」出版社撐起了台灣半個文壇，「九歌」與眾多文學出版社平分了文學天下。

這十六冊散文集，有傳統的散文集子，也有測字故事的玄想記錄，禪宗公案、禪詩機鋒的辯證實錄，蔡先生的眼界、胸懷，將他們都納入了可以出版的行列，將文學的路走得更寬更廣，由九歌而健行，普羅、普及、普遍，不把文學供奉在神壇上，卻將藝術迎入了生活的日常，尋常的巷弄，提升了大眾的心靈，綠化了沙漠。

「九歌」四十歲時，我曾說：「「九歌」是離我家最近的文學出版社，隔著一條鐵道（後來改建為市民大道），九歌在道之北，我在道之南，九歌臨八德，我倚敦化，九歌成立於一九七八年，一九八〇我住進復旦橋邊，與她為鄰，相伴四十年以上。作為一個讀者，我可以就近先讀為快；作為一個作者，我可以快速取得校樣，完成校稿，在同一批出版的書籍中搶得最先上機印刷的機會，雖然這無關乎銷售成績，卻有一種天朗氣爽的喜悅。其實，最重要的是我可以隨時見到蔡先生，在當時，我們兩人是少數中學國文老師又兼有作家身分的人，他常跟我討論的是，這個詞是這樣用的嗎？這個字放在這裡恰當嗎？他拿著紅筆，圈著字詞，溫和的質疑報紙上的文章，他是一個勤快的人，一大早就閱遍所有的報紙，我不能不跟他一樣勤快，不能不跟他一樣字斟句酌。

一九八八年蔡先生另外接手健行出版社，而且身體力行「健行」兩個字，在世紀交替的前後一、二十年，天剛發亮的時候，我總會在國父紀念館所在的中山公園遇到他，手上轉滾著兩丸鐵球，像日月交互著運轉，永不停息，同時兩腳又在疾行中，所謂天行健的現實人生榜樣，風雨無阻，讓我也加緊了自己的步伐。有時我晚起，他已完成晨運，也會在街角、巷口，停下來，鼓勵我幾句。

剛剛我又檢討了《心靈低眉那一刻》散文集裡的作品，仍然發現有一半的作品發表在《中華日報》，雖然台北不容易買到《中華日報》，雖然蔡先生早已不再負責編務，我仍然習慣性投稿，習慣性閱讀《中華日報》新聞雲，習慣性參與他創立的專欄作家社團的例常活動。

行，健行，手上轉滾著兩丸鐵球像日月交互著運轉的蔡先生形象，是我生命裡、寫作上，永遠的典範。

二〇二一．夏至

本文作者蕭蕭，本名蕭水順，現為明道大學特聘講座教授。著有詩集《天風落款的地方》、散文《快樂工程》等，主編作品包含《新世紀二十年詩選》。

潤澤綿遠，典範長昭

——追思蔡文甫先生

向陽

小說家、九歌出版社創辦人蔡文甫先生於去年七月十五日辭世，轉眼一年將至，這一年來，他一手打造的九歌出版集團秉持他生前的出版理念持續營運，出版不少好書，發揚他一生從事文學創作、編輯與出版的精神，在疫情蔓延的慘澹環境中前進，應足以告慰文甫先生在天之靈。

這一年來，因為疫情的緣故，常在書房讀書，每在翻讀九歌出版的書籍時，腦海就會浮現文甫先生的笑容。他生前關注台灣文學發展，因此九歌出版了不少重要的文學選集，最重要的如《中華現代文學大系》十五冊（一九八九）、《中華現代文學大系．二》十二冊（二〇〇三），完整呈現了當代台灣文學各文類的佳作、名篇，公正而包容地展示了台灣新文學的多元風貌；後續推出的如《臺灣文學二十年集》四冊、《台灣文學三十年菁英選》七冊等，也是延續大系之選；在他逝世前出版的最後一套選集《新世紀二十年詩選（二〇〇一—二〇二〇）》，精選近二十年來六十位台灣詩人經典之作，呈現了新世紀二十年詩壇的轉變與風采——這些選集，投資成本高，無利可圖，文甫先生卻一肩承擔，逐一完成。在書房，面對這麼多套選集，讓我對於他生前為台灣文學付出的心血和經緯遠圖更感到敬佩。

文甫先生令人感念的當然不止於此。他在創辦九歌出版社之前，曾經主編《中華日報・中華副刊》長達二十一年之久，栽培無數作家，是影響文壇重要的守門人之一；創辦九歌出版社之後，精選名家著作，造福讀者，也讓九歌成為文學出版的重要指標出版社之一；在出版社業務上軌道之後，他有感於出版家的社會責任，還成立九歌文教基金會，舉辦兒童文學獎、小說寫作班、文學研討會，承辦梁實秋文學獎，為當代台灣文學的教育、推廣和新秀栽培繼續付出，做出相當多的貢獻，並因此榮獲第二十九屆金鼎獎特別獎（二〇〇五）。他不僅是一位出版家，也是一位台灣文學傳播的掌舵者。

我與文甫先生年齡相距二十九歲，是文壇晚輩，但由於我年輕時主編《自立副刊》，與主編《中華副刊》的文甫先生就因同行關係時有往來。他是不擺架子，有仁厚之風的長輩，對於文壇新人照拂甚多。一九八〇年代九歌所出文學書籍在出版市場備受歡迎，文壇名家之書一出，即登排行版，他在出版名家作品的同時，還時時注意年輕作家在報章發表的作品，主動向後輩約稿。我在九歌出版的兒童文學著作《中國神話故事》（一九八三）、《中國寓言故事》（一九八五）、詩集《十行集》（一九八四），都是他寫信或電話促成的。《十行集》是九歌創社後出版的第一本詩集，同期出書的還有林清玄《白雪少年》、古威威《夢裡夢外》，足見文甫先生的慧眼和氣魄。在我的寫作生涯中，年輕時就蒙受他的鼓勵和提攜，是我的福氣，至今銘記在心。

文甫先生雖已遠行一年，但他對台灣文學傳播的貢獻長在，潤澤綿遠，無論台灣文學出版、教育或推廣，他的奉獻與事功都已成典範，足為後來者效式。

本文作者向陽，本名林淇瀁，為臺北教育大學臺灣文化研究所退休教授。著有《十行集》、《臺灣作家手稿故事》系列三冊等。

言必稱九歌

陳素芳

我是在一九八二年七月開始到九歌上班，編輯工作的第一本書，是九歌文庫一〇一號《七十年散文選》，也是台灣第一本年度散文選。那時公司還在八德路三段十二巷五十一弄三十四號，還沒搬到現址。公司的成員就是編輯、會計、出納、發行各一人，正是「五小」的年代，老闆兼總編輯，那時，已經有書訊型的「九歌」雜誌配合新書宣傳。每當雜誌出版時，全體總動員，包括蔡先生，大家一起貼雜誌名條，以便在最快的時間送達讀者的手中。

我對編輯一無所知，是蔡先生親自教導，直到九歌十週年前，編輯部就只有我一個人。十週年時，九歌開始籌劃《中華現代文學大系》第一集，蔡先生對我說：「你要想一想，二十週年時我們要做什麼？」我心想，那時我都不知道在哪裡？然而，二十週年過了、三十週年、四十週年也過了，我還在這裡。

蔡先生言必稱九歌，我想舉幾本書的誕生，來談談這位影響我至深的長者。

第一，文學使命感。一九八九年出版的《中華現代文學大系》，是在一次美西行時，他在作家鄭繼宗書房看到不同版本的中國大陸出版的文學大系，就覺得台灣也應該有自己的大系，之前，台灣也有一套大系，只收錄到一九七〇，他自己的作品也曾收入在小說卷中。適逢五四的八十週年，就決定出版大系，並擴充規模，增加評論與戲劇卷。第二個例子是《旋風》。張曉風女士在九歌四十週年專書中就提及這段出版因緣[1]。像這些深具文學使命感的書，例子很多。然而，這些書出版，除了掌聲之外，還獲得不錯的票房，就在於，蔡先生有一種做到好做到滿的特質，所以，他會針對書的特點，做各種行銷活動，在網路還沒盛行的年代，平面媒體廣告、新書發表會、座談會等，都一一去做。蔡先生的文學使命感既在承先，也在啟後，他常說：「文學要不斷注入新活水。」所以他一直尋找新人，《傷心咖啡店之歌》就是其中之一。

第二，絕不輕言放棄。最典型的例子，就是張繼高的作品。張繼高曾言三不：「不教書、不演講、不出書」，然而，蔡先生卻從未放棄，他長年剪輯張先生在《聯合報》獲各界推崇的專欄「未名集」，每次見面，都將剪報呈給張先生，還幾次被沒收，但他從未放棄，繼續剪、繼續呈，終於得到張先生首肯。

第三，珍視文學情誼。蔡先生文學的出發與養成，就在當年他離開軍中後加入「小說寫作班」，他是第二期，對當年的師友十分感念。所以成立九歌文教基金會時，特別請李瑞騰教授指導成立九歌小說寫作班，並出版學員的作品。推出典藏小說系列時，特別整理他當年小說班同學劉非烈的名著《喇叭手》。有一次，他在看劃撥單，看到讀友趙民德，上面的電話與地址在南港，正好當時聯副有同名作者的文章，他想起他在小說班的老師也是他結婚時的主婚人趙友培先生，他的公子就是趙民德，在中研院工作，就依劃撥單上的號碼打電話確認，九歌因此有了統計學博士趙民德的小說集《飄著細雪的下午》出版。

追隨蔡先生三十八年。他的務實，他時時以文學優先的精神，是我一生學也學不完的功課。

本文作者陳素芳，現為九歌出版社總編輯。曾獲第二屆五四編輯獎、第四十二屆金鼎獎特別貢獻獎，編輯圖書超過一千本。

1　見《九歌40》，張曉風〈茂美的文學苗圃〉。

評述

書寫人生的橫切面

——蔡文甫先生的文學世界

趙慶華

提到蔡文甫先生，文壇與讀者所熟悉的，多半是「中華日報副刊主編」和「九歌出版社創辦人」這兩個身分。很多人或許不知道，他的文學生涯，其實是從「創作者」開始——一九五一年在中華日報副刊發表第一篇小說〈希望〉，到一九七八年出版長篇小說《愛的泉源》，二十多年間，他刊登於報章雜誌的作品不下百餘篇，並累積十多部包含長篇、中篇、短篇小說集的創作成果。而這一切，就在一九七八年三月九歌出版社成立後戛然而止；此後，他專心致力於出版事業的經營，讓「文學創作」的身影淡出人生舞台，甚且逐漸為人所遺忘，套句現在的流行語，活脫脫就是「被編輯、出版耽誤的小說家」。

起點與開展

關於自己的文學寫作，蔡文甫一向談得不多，只在自傳《天生的凡夫俗子——從〇到九的九歌傳奇》中，留給我們一些有跡可循的線索。回顧寫作的起點，他認為是大約是十五歲那年，因為失學在家，讀了很多鴛鴦蝴蝶派作家張恨水的作品，受到激發所致：

對我刺激最大的是看了張恨水很多部小說，其中有一本彷彿寫劇烈的戰爭場面。看完以後很受感動，覺得自己也可以寫小說了。拿了一疊十行紙，思潮泉湧便龍飛鳳舞地一口氣寫了十幾張，無法寫下去才停筆。可說是我寫作的原始動力，從張恨水的作品激發的。[1]

這股原始的動力像是一顆種子，從家鄉便一路跟著他，在他隨軍隊撤退，遠離家人、抵達台灣後，逐漸萌芽。一九五〇年，原本在軍中擔任文書工作的蔡文甫，參加了無線電技術人員訓練班；第二年，訓練行將結束時，他看到同學用稿紙寫稿，回想起十年前狂熱的寫作動力；由於當時隸屬於駐紮在公賣局板橋酒廠的輸送連，眼前所見都是來來去去的酒廠女工，故而他便「以女工的口吻（當時還不懂什麼叫第一人稱）寫了一篇〈希望〉，約三千字左右，用筆名丁玉寄到中華日報副刊……。」一九五一年七月三十日，〈希望〉刊載於中華副刊，適逢蔡文甫轉換單位、更改地址，卻未告知報社，因此沒有領到稿費。即使如此，作品的刊登依然大大鼓舞了他，成為他日後持續寫作、投稿的奠基石。

轉折與記事

〈希望〉發表後不久，蔡文甫調派空軍防空司令部情報所，他一方面善用司令部圖書館，大量閱讀各種報紙、雜誌、書刊，同時勤於寫作、嘗試發表，「一篇接著一篇向外投寄」，但僅兩三篇獲得刊登，其餘皆「退了回來」。這種「屢投屢退」的情況，大約持續了六、七年；期間，對蔡文甫影響最大的，是他在一九五三年四月至七月，參加了中國文藝協會主辦的第二期小說寫作班；無論實際效益如何，蔡

1　蔡文甫，《天生的凡夫俗子——從〇到九的九歌傳奇》，台北：九歌，二〇〇五年九月增訂二版，頁九十八。

文甫認為，寫作班對於參與者、特別是那些「因戰亂而失學的青年」，在精神層面的提升，產生極大影響，而這也就是為什麼他創辦九歌文教基金會時，堅持成立小說寫作班的原因。

蔡文甫文學生涯的重要轉捩點發生在一九五八年。彼時，他已離開軍中，幾經輾轉任教於汐止中學，他說：「在汐中的第一年，風平浪靜地結束。……仍繼續投稿。雖然刊登的少，退回的多，但我對寫作的興趣大增，已有強烈的企圖心，不因受退稿打擊而退卻，要一直向前邁進。」[2]這一年，他的七千字短篇小說〈小飯店裡的故事〉受到《文學雜誌》主編夏濟安的青睞，經其仔細審酌修改後刊登[3]；半年後，再度投稿〈放鳥記〉，亦獲刊登[4]。由於此一淵源，接續《文學雜誌》發行的《現代文學》創刊後，發起人之一王文興便向蔡文甫邀稿，除了第一篇〈圓舞曲〉領有稿酬外，其餘稿件均無稿費；只因《現代文學》崇尚創新，給予創作者極大發揮空間，故蔡文甫「仍源源投寄」。根據統計，他在《現代文學》發表的作品共有九篇，僅次於白先勇、王文興、歐陽子、七等生，與李昂並列第五。從這個數字比照其他幾位創作者受到關注的程度，再次印證其小說成就確實有被低估的傾向。

頻頻發表作品於《文學雜誌》和《現代文學》，為蔡文甫在文壇打開了知名度，各大報刊雜誌的稿約紛紛而至，由此啟動創作高峰。從一九五〇年代末期至一九七〇年代初期，他的作品廣泛出現在《中華日報》、《青年戰士報》、《暢流》、《文壇》、《幼獅文藝》、《自由青年》、《亞洲文學》、《自由中國》、《新文藝》、《皇冠》等刊物。一九六三年出版第一部短篇小說集《解凍的時候》，之後近乎以每年一本的頻率出書。然而，在意氣風發的表象之下，就如同那個時代的許多人，蔡文甫險些成為白色恐怖的犧牲者。

一九六六年四月，蔡文甫因一篇充滿人情味的小說〈豬狗同盟〉被舉報涉嫌「誣衊元首」，不僅被變相禁止參加第二屆國軍文藝大會，同時情治人員也展開調查，針對工作地點，以及所在地的機關、團體，都被列為調查對象。根據略悉內情的人士暗示，情節頗為重大，最後幸賴軍中好友鼎力相助，才不至遭受牢獄之災[5]。述及這段過往時，蔡文甫也隱約透露了「時代」之於其創作內容和方向的關係：

2　蔡文甫，《天生的凡夫俗子——從〇到九的九歌傳奇》，頁二五四。
3　蔡文甫，〈小飯店裡的故事〉，《文學雜誌》第四卷第二期，一九五八年四月，頁四十四—五十一。
4　蔡文甫，〈放鳥記〉，《文學雜誌》第六卷第一期，一九五九年三月，頁二十二—三十二。

我是從軍中進入社會的，了解很多「禁忌」，而且「禁書」每月公佈。我在汐中時，可以看到每月由警總發送的禁書目錄。在這樣心情下，除了寫個人的情感問題外，哪敢寫國家社會大事？[6]

寫個人情感，不寫國家社會——這為我們進入蔡文甫的文學做了精確的前情提要。

書寫人生的橫切面

與同世代、同樣族群背景的作家相較，蔡文甫小說最大的特色無疑是「既不戰鬥，也不懷鄉」。他出身軍中，卻不寫反共文學；他隻身飄零，也不訴說思鄉情懷。在閱讀的過程中，我觀察到，小說家對於具有故事性的新聞很感興趣，會將一篇簡短的報導延展發想為突梯怪奇的故事，除了前文提到的〈豬狗同盟〉，還有〈新聞一則〉，就連第一部長篇小說《雨夜的月亮》也是由新聞改寫而成。這或許與他曾經擔任中華日報汐止特派記者有關（一九五九—一九七一）。另一類有趣的題材則是以動物為主題或主角，或以擬物的角度，從動物的眼睛洞察人類世界；或用隱喻、象徵的手法，用動物比附人心與人性，包括〈豬狗同盟〉、〈人獸之間〉、〈放鳥記〉、〈船夫與猴子〉、〈飢渴〉等。

在生存與生活的壓力推擠下，蔡文甫善於經營短篇敘事；而出身底層的生命經驗，則加深了他對小人物的理解、同情與關懷。他筆下的故事，乍看有著相近的面貌，均不外乎一座小小城池裡的世界：婚姻、愛情、親情、倫理、人性的弱點、善惡的抉擇……；若仔細關照，則會發現，每個故事的細節紋理都不相同，作家試圖深刻剖析人陷入某種倫理困局的兩難，但不提供解答、也不擺出批判教化的嘴臉，只是力圖把握一貫的原則，「不濫情，不譁眾取寵，以刻劃人性衝突為主。」蔡文甫曾在一篇訪談中說道，他對寫作首要的堅持是「寫人生的橫切面」，寫普遍的人性、普遍的善惡、內心與外在的衝突，這些是全世界相通，沒有特定區域隔閡與限制的質素；因此，故事多半沒有特定的時空背景，可能發生在任何時間、地點，而

5 有關因〈豬狗同盟〉而險遭牢獄之災的過程，蔡文甫曾為文詳述：〈〈豬狗同盟〉的風波——記我遭遇的「白色恐怖」〉，原文發表於《文訊》雜誌二〇〇〇年七月，後收錄於《天生的凡夫俗子——從〇到九的九歌傳奇》。

6 蔡文甫，《天生的凡夫俗子——從〇到九的九歌傳奇》，頁三〇四。

他也不用傳統的方式說故事。

至於在寫作技巧上，雖然抱持著古典情懷，但置身於一九五〇、六〇年代的台灣，蔡文甫自然不可能無感於來自西方世界的文化風潮與思想。在新與舊、傳統與現代、故鄉與異鄉的變動衝擊中，他選擇以現代主義的手法，諸如象徵、暗示、聯想，特別是意識流的鋪陳，融合外在寫實與內在意識，展現小說人物的生活廣度與心理深度，例如採取多視角敘事的〈狗咬狗〉，引領讀者走進每個小說人物的內心世界，看到世界的某一切面；至於《雨夜的月亮》，則是以長篇小說的幅度講述十二小時內發生的故事，是非常標準的意識流手法。

小結

事實上，截至目前為止，台灣文學界對於蔡文甫先生文學創作的認識，仍十分匱乏，相關研究也極為有限。二〇二一年七月十五日，是蔡先生逝世一週年的日子，本文期以概述性的介紹，發揮拋磚引玉之效，帶動更多讀者以全新的視角，閱讀他的小說，尋找蘊含其中的意義與價值，賦予其在台灣文學史上的定位。唯其如此，才能使他集「創作、編輯、出版」於一身的文學人形象更加清晰完整。

本文作者趙慶華，現為國立臺灣文學館助理研究員。

談蔡文甫先生的出版

汪淑珍

蔡文甫先生是九歌出版事業稱職的總舵手。九歌出版社在蔡文甫帶領下（一九七八年創立），既保有文學出版社的本質，也擁有與時俱進的經營策略，使九歌出版社能續航至今。

出版社最重要的即是出版品的內容與出版社的經營方式。蔡先生既傳統也創新，傳統是他有著文人的堅持，對文學品質的要求，對作家、作品的尊重與愛護，更重要的是為文學的傳承盡心竭力。創新則是有著敏銳的市場嗅覺與高效的行動力，走在時代尖端與時俱進。不斷觀察客群消費習慣的改變，除文學性濃厚的書籍外，也出版群眾生活各面向需求的書籍。

九歌出版社

曾有人問蔡文甫，怎麼知道哪一本是暢銷書？蔡文甫說：「其實，暢銷書根本不知道，我們只是本著出『好』書的態度而已。」什麼是好書呢？「一定是我自己看得懂的，讀者才會懂，自己喜歡，讀者也才會喜歡，大概根據這個原則出書會好一點；如果這本書太深奧，連自己都不懂，讀者怎麼可能會懂？當然重要的是文字要好，內容要很紮實！」

在網路不發達的年代，文學是滋養人們心靈與知識增長的重要來源。九歌出版社出版的書籍陪伴眾人走過人生各式的困境，也帶領民眾擴增視野。誠如蔡文甫對好書的定義：「文字要好，內容要很紮實！」「九歌文庫」出版文學性的書籍，至今超過二千本。作者群更囊括文壇上的諸多名家，如余光中、琦君、王大空、梁實秋、張曉風、廖玉蕙、朱少麟、李時雍、言叔夏，亦不乏學者的加入，如朱炎、顏元叔、夏志清等。

九歌文庫更提供平台，出版初展頭角的新人作品，如陳幸蕙的第一本散文集《群樹之歌》、蕭颯《我兒漢生》、楊富閔《花甲男孩》等。

蔡文甫曾說：「出版人應該讓書來說話，不應該自己站出來宣揚理念。」因為出版的書籍可將其出版理念具體驗證。二〇〇四年規劃了對過去文學重探的系列書籍。如以文類而編的「典藏小說」、「新世紀散文家」、「典藏散文」；依作家而成的「名家名著選」、「作家作品集系列」以系列出版，使書籍更條理分明，讓群眾更有印象，也更易接受。

「九歌叢刊」則以面向生活、家庭等綜合性書籍為出版對象，也藉此和四小（純文學、爾雅、大地、洪範）作區別。如蔡文甫編《閃亮的生命》以殘障青年為對象的專訪報導，林清玄對民間藝人和藝術家的訪談錄《傳燈》，介紹台灣民間藝術家，為台灣本土藝術作紀錄等。

在一九八三年三月九歌出版社成立五週年時，推出「九歌兒童書房」。二〇〇三年改名為「九歌少兒書房」，不僅出版許多少兒圖書，也提供作家創作園地，更為傳統做傳承，如向陽改寫中國誌異經典而成的《中國神話故事》，也適時翻譯一些外文作品，如嶺月譯《巧克力戰爭》。一九九三年起，則以出版「現代少兒文學獎」得獎作品為主，以此培植、澆灌兒童文學的創作園圃。

為文壇史料進行整理，這種吃力不討好且獲利少的工作，大多仰賴公家資源挹注。然而蔡先生毅然以一己之力，承擔如此重責，也因其擔當且敢於任事，今日我們才有幸閱讀歷年來經典作品。經典作品在有脈絡的收整編排下，也更能呈現其在文學歷史中的價值與意義。如《年度散文選》、《年度小說選》、《年度童話選》，甚至《中華現代文學大系》一、二集、《新詩三百首》、《臺灣文學二十年集》、《台灣文學三十年菁英選》、《華文文學百年選》等。蔡先生更不惜鉅資出版《尤利西斯》、《神曲》全譯本，使台灣讀者得以閱讀世界文學經典全貌。

健行文化、天培文化

健行文化成立之際（一九八八年），蔡先生決定以九歌出版社堅守文學出版外，也開發一系列日常、生活面的實用資訊，並分以明顯主題式的系列叢書，如生活叢書、家庭叢書、保健叢書、現代企業經營寶典。文學性減弱，相對地務實性增強，使文學與生活結合。二〇一一年，更大幅調整書系，深入文化，走向生活，著重在人性、生活、學習與歷史等幾個領域。

二〇〇〇年天培文化公司成立。蔡先生以「天培」為名，除了感念大哥昔日極力培育讀書識字的恩情，「這兩個字亦蘊含適應大自然發展及仰仗天育地培之義」。鑑於新世代族群閱讀習慣改變，天培文化以設計性的編輯方針，推出有系統、多角度的書籍內容，以滿足讀者需求。如傳播環保概念的「綠種子系列」、引進國外文學翻譯作品的「閱世界系列」、當代日本名家之作「JJJ系列」、具開創性的女偵探

「Shadow 系列」等。期待開拓讀者新視野，並培養其終身受用的閱讀習慣。

創新經營方式

九歌出版社在蔡文甫的帶領下，雖然不斷尋求新創意，但其出版核心——文學本質，卻是不變的堅持，也建立了九歌出版社求真務實的品牌形象。在出版有品質並能呼應人們需求好書的同時，企業經營與行銷理念更是與時並進，如建立讀者資料庫寄送文宣品《九歌雜誌》、提供容易辨識的封面裝幀，以利於在讀者印象中積累記憶，塑造企業形象。

通路鋪貨，除傳統既有發行通路外，甚至徵求駐校代表，協助出版社與在學讀友間的聯繫。更將作品推向海外，以優渥條件向海外銷售，積極與新馬、香港、大陸、東南亞合作進行版權交易，尋求合作機會印行簡體字版。

為創造書籍的附加功能，一九八八年二月，甚至成立有聲出版部，將錄音帶與書結合成為有聲書，用最樸實無華的聲音詮釋感人的篇章，是「五小」當中首先嘗試「有聲書」出版者。更建置了「九歌文學網」利用網路平台提供讀者認識九歌事業體的新管道。

結語

蔡文甫藉由出版社的經營，推廣文學、提高創作水準、提升群眾素質，尊重名家、培養新人，使老將與新秀，都能在九歌事業體中展現才華。蔡文甫曾說：「九歌事業體一直有計劃地想留給社會一些東西，希望將來在文學史上能占有個空間。」毫無疑問，蔡文甫與九歌出版事業體已在歷史中被深深鏤刻銘記。

本文作者汪淑珍，現為靜宜大學中國文學系副教授。

像他這樣一個副刊編輯
──蔡文甫與《中華日報》

楊宗翰

一九四六年中國國民黨在台南創辦《中華日報》，初期採中、日文並刊模式，龍瑛宗即曾擔任日文版「文藝欄」編輯。該版面曾發表葉石濤、王育德、吳濁流、吳瀛濤及龍瑛宗本人的作品，堪稱戰後初期重要的文學媒體。現在若要追尋這段歷史軌跡，得藉由李瑞騰教授與該報洽談合作、二〇一八年臺灣文學館出版的一套四冊「一九四六年《中華日報》日文版文藝副刊作品集」。這套書分日文「原文校注」與「中文譯注」二卷，每卷各二冊，收錄一九四六年二月二十四日至十月二十四日《中華日報》日文版文藝、文化、家庭三專欄和少部分非專欄的相關詩文。

因政府推行國語文政策，《中華日報》自一九四六年十月二十五日起改為只出中文版。一九四八年在台北設立總社，並且增出北部版。這個模式雖持續甚久，但後來日感艱困，重心終究移回台南總社，原台北總社則改為辦事處。因為在台南印報再送至台北，要近中午才能到訂戶家中，缺乏市場競爭力。《中華日報》北部版主要還是提供給機關團體跟少量家庭訂戶，不像大台南早年幾乎都是該報天下——《中華日報》之於台南，頗似《更生日報》之於花蓮，都是四〇年代創立後挺立迄今的地方報。《中華日報》社方對文藝十分重視，歷任主編如徐蔚忱、林適存、蔡文甫、應平書、吳涵碧、羊憶玫皆認真經營，頗有成績。「華副」一向風格素雅，拒絕浮誇，儼然成為南台灣文壇重鎮。各地讀者今亦可從「中華新聞雲」（https://www.cdns.com.tw）便利取得及閱讀「華副」內容。

蔡文甫先生本為汐止中學教師，從一九七一年七月起擔任《中華日報》副刊主編，乃是受到當時的社長楚崧秋賞識。直到一九九二年七月退休前，蔡文甫總共編了二十一年一個月的「華副」。雖然在稿費等條件上，皆不如「聯副」、「人間」、「中副」等全國性大報，但「華副」仍然成為不可忽視的文藝園地。他也曾經於一九八六跟一九八八年，兩度榮獲行政院新聞局的副刊編輯金鼎獎。很難想像在執編「華副」之前，蔡文甫只有因為編過軍報而略懂字體跟字號，副刊實務編輯經驗可謂相當薄弱。他只是一名熱愛寫作的教師，跟《中華日報》最長遠的關係就是自一九五九年三月起兼任汐止特約記者而已。楚崧秋社長聘他接林適存的位置，副刊只有一名晚間才來報社的助理，負責處理初審及退稿事宜。彼時沒有電傳可用，蔡文甫要在台北自己發稿、算字數、畫版樣，再藉由飛機運至台南排印，打好紙型分成南北兩地印刷。他從「華副」的作者變成編者，身分有了巨大轉換，但仍在學校教書到一九七五年退休，所幸編務跟教務兩者不曾相互干擾。從學校退休後，「皇冠」跟「時報」都曾有意延攬，只是都被蔡文甫婉拒，專心經營自己一九七八年創辦的「九歌」出版社。二十一年一個月的「華副」主編生涯，若說有什麼遺憾，應該是自身創作產量，從原本每年可以寫出一部短篇小說集，變成二十一年間只有在馬各主編「聯副」時發表過一篇一萬字的短篇，無怪乎他說：「自己深切感覺到的，副刊編輯確是謀殺作者最恰當的行業。」

蔡文甫的「華副」主編歷程，留下了不少輝煌事功，舉其要者如下：

一、廣邀名家，新闢專欄：「華副」原以刊載小說跟散文為主，蔡文甫任內新闢不少專欄，譬如「我的生活」、「書與我」、「生死邊緣」、「我的另一半」、「我最難忘的人」、「藝文短笛」及紀念《中華日報》創刊三十週年設計之「三十年後的世界」等，出刊後反應良好；再如邀得梁實秋撰「四宜軒雜記」、王鼎鈞撰「人生金丹」（後結集為《開放的人生》）等例，讓「華副」在大報副刊夾擊下，仍然廣受各方矚目，也證明了蔡文甫的約稿功力。

二、副刊專欄，輯印成書：因「我的生活」等專欄反應良好，但報社並無將副刊作品結集出版之先例，故蔡文甫先商請「黎明」印行兩集。等到《我的另一半》由報社直接出版後，連連再版，於是《中華日報》才新成立了出版部，開始將「華副」精彩專欄結集，總數量逾四十種。特別值得一提的是，「九歌」從來沒有出版過「華副」的專欄，可見蔡文甫律己之嚴。

三、廣邀名家，提拔新人：「華副」作者群以名作家及學者為主，但亦樂於拔擢新秀。凡遇來稿，能用即刊，不能用即退回。如果兩週內未收到退稿，大約都會在一至二個月間，以二或三天的頭題發表，並且配上名家插畫，讓作者充滿成就感。此舉特別可以激發新人作家的創作欲望，建立起他們繼續寫作的信心。《中華日報》雖無海外版，但蔡文甫仍想方設法，在稿費遠不如其他大報的情況下，邀得國外作家及學人賜稿。

四、策劃梁實秋文學獎：梁實秋晚年稿件大多交給「華副」發表，一九八七年仙逝後，蔡文甫便與余光中研議，成立全台第一個以作家為名的單獨獎項「梁實秋文學獎」。一九八八年由《中華日報》社方出資三十萬，配合文建會補助款，以這個獎項紀念文學大師對散文及翻譯的成就，也為台灣文壇積極培育散文創作及翻譯研究的人才。前二十屆由《中華日報》舉辦（第十三屆因公開招標，由台灣文學協會得標），第二十一至二十五屆由九歌文教基金會承辦，二〇一三年起改由臺灣師範大學接手。

五、串連南北各地作家，開闢文藝討論空間：「華副」常邀台北文學名家南下開講，兩度舉辦南北作家大會師，適當兼顧在地性跟全國性，讓自己從南台灣文壇重鎮，提升到全台文藝愛好者鎖定園地。「華副」風格固然一向以溫厚著稱，但蔡文甫接編初期，也曾讓副刊成為「論戰園地」。那是一九七二年六月十、十一日，趙友培發表〈我國大學文學教育的前途〉一文，隨後引發三十八位持各種不同觀點者，在「華副」討論大學體制內的教學，是否該呼應現代文學的蓬勃發展。之後教育部准許大學設立文藝系並公布了「文學院文藝系必修科目表」，報社更於一九七三年出版專書《大學文學教育論戰集：中文系和文藝系的問題》。「華副」是在歷史的關鍵時刻，主導了大學文學教育論戰，有功於現代文學的向下扎根。

蔡文甫跟大多數台灣的副刊編輯一樣，並未出版專書談自己足以啟發後人的編輯心法。只能從他的自傳中，摘錄一些內容，權充線索：第一，謹遵「稿不離手」原則，蔡文甫副刊編輯工作二十一年來，從來沒有掉過一篇稿子。第二，副刊編輯不宜介入論戰太深，在正、反兩面意見平衡陳述後，宜適可而止，不要用有限篇幅，作沒有是非對錯的無限辯論。第三，編者是作者跟讀者間的橋樑，時時要尋找有趣的、有意義的好文章，介紹給廣大讀者。副刊不是訓導處，時時教訓別人；副刊也不是教室講堂，為特定的人授課，而是讓各階層的讀者，都能看到自己喜歡的各類型文章。第四，副刊編者不能只憑自己喜好，專刊一些深奧或譁眾取寵的文章，更不能站在台前發號施令。編輯最好在幕後默默地邀請名家，發掘新人，使他們樂意表現才華。由上可以推知：蔡文甫在編輯《中華日報》副刊時，持守的是平易、平實與平衡之心法，正可謂是「見其編法，如見其人」。

本文作者楊宗翰，現為淡江大學中國文學學系副教授。

蔡文甫先生資料

小傳

蔡文甫（一九二六年八月二十六日—二〇二〇年七月十五日），江蘇鹽城人，台灣著名小說家、編輯家、出版家。原名世堯，曾改名竹生，筆名有丁玉、丁田和陳程等。一九五〇年隨國軍撤退遷台，陸續從事軍職、教職、報社記者、編輯等工作，一九七八年創辦九歌出版社，發掘各類文學作家，編印各種深具歷史意義的文學選集和叢書，二〇〇五年獲新聞局頒發金鼎獎「特別獎」，表彰其在文學與出版上的貢獻。

出生江蘇鹽城

民國十五年（一九二六）農曆七月十九，蔡文甫生於江蘇鹽城馬廠鄉，為家中么子，上有七名兄姊，父親蔡森林、母親邱氏於蔡文甫上中學前過世。長兄蔡天培生於民國元年（一九一一），自學成材，十七歲便出任鄉長。一九三〇年初，時值對日抗戰期間，經濟與生活條件皆不佳，蔡天培仍努力開辦鄉中「改良私塾」，蔡文甫得以受教啟蒙。一九三八年轉入新式的建陽小學。一九四〇年，蔡文甫就讀建華中學僅三十九日，因共軍入鎮，學校停課，自此失學；十五歲起，開始協助家中磨坊工作。

一九四五年，蔡文甫考入憲兵學校就讀，一九四七年離開憲兵隊，參加江蘇省宜興縣地方行政幹部訓練，短暫擔任兩年鎮公所戶政幹事。一九四九年，國共內戰戰火延燒，四月共軍渡江，國軍撤退，蔡文甫隨鎮長李光旭撤退至杭州，自此與家中失去聯繫。後又隨國軍退駐寧波，其間於舟山群島輪留派駐各島嶼將近一年。一九五〇年四月，搭乘擁擠不堪的貨輪前往台灣，登陸基隆港，全連駐紮板橋酒廠，從此長住台灣，時年二十四歲。

苦讀自學，高等考試及格

甫到台灣，蔡文甫便報考無線電技術訓練班，成為電報收訊人員；暇時則大量閱讀文學經典與聆聽各種講座，期間以「丁玉」為筆名，撰寫短篇〈希望〉，順利在《中華副刊》刊登（一九五一年七月），開啟蔡文甫日後走上寫作之路。

擔任軍職日久，蔡文甫自覺衣食固然無虞，卻無人生目標可言，終究有負長兄期許，開始萌生另行謀職的念頭，但由於沒有高中畢業證書，須通過普通檢定考試及格，才能參加公務人員任用的考試，為此展開苦讀自學。

一九五三年六月，蔡文甫獲得普通行政人員檢定考試及格證書，一九五四年開始編輯軍中刊物《戰鋒》；一九五五年十一月，蔡文甫通過高等考試普通行政人員任用資格。未久，無故被軍中人員毆打，卻反而面臨懲處，心生不滿，申訴未果，憤而申請離職，翌年四月離開軍營，時年三十歲。

擔任教職，循循善誘

退伍之後，蔡文甫先在中華文藝函授學校工作，先後擔任總務及教務主任；但函校財務不佳，只得另謀出路，因同鄉朱義昌引薦，一九五七年受邀擔任桃園大溪初級中學復興分班（今桃園市立介壽國民中學）教師，以「教學相長」、「從做中學」為理念，並注意到原住民學生，因家庭及生活因素，很少講國語，學習國文比對有條理的數學還要困難，蔡文甫透過實例解釋、讓同學彼此相互討論，學習成效良好。後因遭誤會捲入桃色紛爭，決定辭職。

一九五八年，蔡文甫轉任汐止初中，任職教師及教務主任，他樂於接受留級生班導師的挑戰，因想起年幼時想讀書卻無學校，眼前的學生卻有學校而不想讀書，於是盡全力幫助他們，上課時多準備一些補充教材以吸引學生。早晚自修，蔡文甫都盡量在教室陪著學生，協助規劃班級壁報比賽，獲得冠軍；指導學生參加演講比賽，獲全校第一、全縣第二。此外，他非常重視寫作，用紅筆改學生作文，說明詞語的顛倒、重複、不連貫等缺點，他且自創作文教學方法：第一段由蔡文甫改正，第二段起，讓大家檢查缺失，輪流發表意見，修改成完善的句子，一學期共同訂正二次，學習成效良好。

一九五九年，當時社會對升學率相當重視，蔡文甫時任教務主任，每日親自巡視各教室，了解教師教學情況，提出課業輔導辦法、全校各班學科競試、畢業班的模擬考試，改善了讀書風氣。一九六七年全省數學競試，汐中第一，蔡文甫領會到，儘管學生素質差些，若經循循善誘，反覆練習，仍可發揮潛力。蔡文甫感受到在激烈的升學競爭下，學生面對考試相當艱困，使他產生無法估量的心理壓力。一九七五年九月，四十九歲的蔡文甫選擇從汐中退休。

小說家蔡文甫崛起文壇

一九五一年起，蔡文甫開始從事寫作，曾受到夏濟安的鼓勵，也受到文協小說研究班師長和同學的激勵，作品見諸重要文學期刊《文學雜誌》、《現代文學》及報紙副刊。一九五九年，他獲聘為中華日報汐止特約記者，生活趨於穩定，課餘時不斷寫作小說，在各大報投稿、發表作品，一九六〇到一九七〇年代，堪稱蔡文甫創作小說的高峰期，此其間出版的短篇小說集有《解凍的時候》、《女生宿舍》、《沒有觀眾的舞台》、《飄走的瓣式球》、《磁石女神》、《霧中雲霓》、《玲玲的畫像》、《移愛記》、《舞會》、《變調的喇叭》及兩部長篇小說《雨夜的月亮》、《愛的泉源》。

寫作方法上，蔡文甫自言受到小說研究班師友的影響甚深。他自許每一個短篇，形式都不相同；堅持小說要寫人生的橫切面，不以一個短篇或長篇寫一生，他自言：「我小說中的人、事、物，在任何時空都會發生，所以不特別記載時、地，和一般的寫作方法不同，而是截取人生橫切面寫出人性共同的恩怨情仇，藉由人物的心態與價值判斷，顯示道德的力量及永恆不朽的文學。」朱炎對此曾說：「蔡文甫筆下的人物，好像在任何惡劣的環境裏，都有超昇的希望與勇氣。」此外，蔡文甫的小說亦保留了當時代的紀錄，王鼎鈞曾稱蔡文甫：「作品除了有藝術上的表現功能以外，還有紀錄的功能，為這個時代的中國人留下另一種紀錄，歷史以外的紀錄，使後代中國人能探知前代的心靈脈搏。」

主編華副，兩度榮獲副刊編輯金鼎獎

一九五九年，蔡文甫兼任中華日報汐止特派記者，生活趨於穩定，課餘時不斷在各大報投稿；一九七一年被社長楚崧秋破例拔擢為副刊主編。在人員及印刷條件的艱困下，副刊一向是走純文藝路線，只刊登小說、散文，作者群較小。蔡文甫接編以後，秉持「為作者設想，為各階層讀者尋找好書，絕不以只刊小說、散文為滿足」，他有「稿不離手」的責任心，設法突破約稿不易的困境。他懇切向文壇人士求稿，並和他們時相往來，如梁實秋、何凡、王鼎鈞、漢寶德、余光中與陳若曦等，奠定日後經營出版社的豐沛人脈。

蔡文甫為了讓讀者可以與心儀的作家交流，曾在台南舉辦多次演講，讓南部的讀者有機會見到在北部的作家，並舉辦南北兩地作家會師活動，提供作家交流的平台。蔡文甫著重文化深耕，廣邀海內外作家，刊用青年作家作品，積極發掘新人，設計各類生活性主題，使副刊活潑化，走進每一個家庭。由於華副編得精彩，一九八六年與一九八八年，蔡文甫兩度榮獲新聞局副刊編輯金鼎獎。

一九八七年，為紀念已逝的梁實秋先生，中華日報推動成立第一個以作家為名的梁實秋文學獎。一九九二年，蔡文甫於中華日報限齡延長一年後退休，時年六十六歲。

建立九歌出版王國

一九七〇年代，台灣出版業蓬勃發展；一九七五年，蔡文甫自汐止國中退休，除仍在中華日報副刊兼職之外，便賦閒在家。文友王鼎鈞鼓勵蔡文甫開辦出版社，不僅願提供書稿，亦有意資助蔡文甫湊足登記出版業資本額（新台幣三十萬），蔡文甫慨然應允，商請爾雅出版社代理發行業務，一九七八年正式開辦「九歌出版社」。蔡文甫時年五十二歲。

九歌出版社開辦之初，蔡文甫自兼編輯，連同會計和發行部門，僅有三位員工；第一年刊行十四本文庫、三本叢刊，銷量幾乎全數破萬，翌年才開始加聘人手。一九八〇年代，當年有不少文人作家開辦出版社，如「純文學出版社」、「大地出版社」、「爾雅出版社」、「洪範書店」，加上蔡文甫創辦的「九歌出版社」，被合稱「五小」，一時傳為佳話。蔡文甫的九歌出版社以「清新、幽默、積極、進取、充滿真情摯愛」為出書主旨，並設兩條出版路線，一是文學創作為主的「九歌文庫」，一是生活導向的「九歌叢刊」，並發行報紙型書訊《九歌雜誌》。

一九八七年，蔡文甫在師長朱義昌的推薦之下，於一九八八年接管原本出版體育及技能科教科書的「健行文化」，由於書系方向和九歌讀者性質完全不同，便仍保留健行文化舊名，替九歌出版集團另開發偏好保健、親子、兩性及勵志領域的讀者。蔡文甫時年六十一歲。

健行的成立，秉持「專心、專業、了解讀者、深入市場」的理念，逐步規劃。二〇〇一年與二〇〇二年，在既有的保健，生活路線外，擴大出版領域，增闢學習館、新世紀智慧館二系列，期盼藉由閱讀，讓現代人在面對新世紀時找到面對自我及時代潮流的方式。二〇一一年，調整書系，深入文化，走向生活，著重在人性、生活、學習與歷史等領域，從文學到生活，提供閱聽人視覺及心靈的洗滌。

二〇〇〇年，蔡文甫不忍好友的出版社事業結束，便同意接辦其公司，改組並籌辦新的出版社，即「天培文化」，考量年輕讀者的需求，以出版環保文學、翻譯文學、飲食文學和自然文學為主。天培文化之名乃是紀念兄長蔡天培栽培之恩的緣故，對此蔡文甫曾說：「如果不是關心我教育的天培，我只是一個目不識丁的農夫。」蔡文甫時年七十四歲。天培文化從二〇一三年開始主打青少文學作品，引進英美日韓等國傑出並暢銷的青少文學，以樂趣、知識、培養同理心、冒險精神為選書主軸。二〇一七年的「Mirror」系列，精選能拓展讀者視野，增進理解自我與人性複雜的作品，引領讀者探索思考。

一九九〇年二月，設立九歌文學書屋，提供讀者有寬闊場地挑書，並利用文學書屋開辦與文學有關的活動。一九九二年，六十五歲的蔡文甫以他在報社的全部退休金與個人積蓄，成立「九歌文教基金會」，由朱炎教授擔任董事長，李瑞騰教授為執行長，旨在為文學服務，培養人才，推廣閱讀與文學風氣，積極參與、推動社會文學活動。考慮到國內極少專為兒童創作的文學，配合九歌兒童書房（一九八三年始辦），積極舉辦文學活動如「九歌現代少兒文學獎」，推動少兒文學的創作。為了將文藝理想向下扎根，籌辦九歌小說寫作班、推動文學尖端對話等多項計劃；此外，也常以基金會名義，替經濟困難的文友向文建會申請急難補助。蔡文甫說：「作家很少有錢人，尤其老了之後，沒有版稅，也沒有稿費，應該有人去關心他們。」

對資深與生活困難作家的關懷，可說不遺餘力。

蔡文甫曾說：「愈困難、愈麻煩、我愈想試試。」他個人經營出版的原則是：要為讀者出好書、要爭取名家也要出版新人新作、要適時出版有意義的書、要把九歌系列好書向外推廣。蔡文甫的九歌，出版年度文學選集、典藏小說、典藏散文、作家作品集、文學大系等，並且不辭勞苦，重新出版已絕版的經典文學作品，讓好的作品能夠永久流傳，其勞辛苦耘為文學出版付出，張曉風說他做的都是文化部的事；黃美惠也說：「蔡文甫的『九歌』所做之事，以格局來說，大到你覺得有如公家主辦。但其實只是一個人，因著對文學的愛好，勤懇做了三十年，竟成為澆灌台灣文壇的深耕者。」蔡文甫在創作、編輯、推動國內文化傳播、積累等各方面，皆貫徹身為文學出版人的使命，在民間推動文藝公共事務，獲得各方人士的敬重。更重要的，他為台灣留下許許多多重要的文學資產。

凡夫俗子不凡不俗的一生

蔡文甫二十四歲隻身隨部隊輾轉來到台灣，苦讀自學，終能安身；在任何一個工作崗位，任事積極且踏實，終以習得的文字能力走上文學/文化之路，在台灣大放異彩。他說他自己是天生的凡夫俗子，但「九歌」這則「傳奇」是「從〇到九」，何其不凡不俗。

一九六三年，三十七歲的蔡文甫與在歷史博物館展覽組服務的郁麗珍結婚，並與岳父岳母同住，填補自己未能孝親侍奉的缺憾。婚後育有三女：澤蘋、澤松、澤玉，俱已成長，並有人文涵養，已能承傳衣缽。

在與故鄉斷絕音訊三十年之後，蔡文甫於一九八〇年首次透過書信聯繫上親人，從回信中得知二哥與其他姊姊們分住上海、武漢，大哥蔡天培與父親蔡森林早於一九六〇年代先後逝世。一九八八年，六十二歲的蔡文甫與二哥蔡世知、三位姊姊會見於香港，兄弟姊妹闊別四十五年後重逢。二〇〇一年，七十五歲的蔡文甫睽違半世紀親訪故里鹽城，一圓返鄉夙願，執筆寫下〈一抔黃土——武陵「漁人」回鄉記〉一文；鹽城師範學院藉此為蔡文甫的小說舉辦了一場學術研討會。

二〇二〇年七月十五日下午三時許，蔡文甫病逝於台大醫院，享耆壽九十五歲；八月二日舉行告別式，文化部部長李永得到場弔唁，並代表頒贈總統褒揚令，由夫人郁麗珍代表受贈。

（李瑞騰、曾淑梅）

生平簡表

一九二六年　八月二十六日生，江蘇鹽城人。

一九四五年　考入憲兵學校就讀。

一九四七年　離開憲兵隊，參加江蘇宜興地方行政幹部訓練，短暫任兩年鎮公所戶政幹事。

一九五〇年　前往台灣。參加無線電技術訓練班訓練。

一九五一年　以「丁玉」為筆名，在《中華副刊》發表短篇小說〈希望〉。

一九五三年　參加中國文藝協助主辦的第二期小說寫作班。

一九五七年　受邀擔任桃園大溪初級中學復興分班（今桃園市立介壽國民中學）教師。

一九五八年　轉任汐止初中。在《文學雜誌》發表〈小飯店的故事〉後，陸續發表作品。

一九五九年　兼任中華日報汐止特約記者。
一九六三年　與郁麗珍女士結婚。
一九六九年　中國文藝協會文藝獎章小說創作獎。
一九七一年　應中華日報之聘，主編中華副刊。
一九七五年　汐止國中退休。
一九七八年　創辦「九歌出版社」。
一九八六年　獲新聞局副刊編輯金鼎獎。
一九八七年　接辦原本出版體育及技能科教科書的「健行文化」。
一九八八年　獲新聞局副刊編輯金鼎獎。
一九九〇年　設立九歌文學書屋。
一九九二年　中華日報限齡延長一年後退休。
　　　　　　成立「九歌文教基金會」。
二〇〇〇年　籌辦新的出版社「天培文化」。
二〇〇一年　獲頒中國文藝協會榮譽文藝獎章文藝工作獎。
二〇〇二年　《天生的凡夫俗子——蔡文甫自傳》獲中山文藝傳記類文學獎。

二〇〇五年　獲新聞局金鼎獎特別獎。

二〇二〇年　七月十五日下午三時許，病逝於台大醫院，享耆壽九十五歲。

編著目錄

《解凍的時候》（短篇小說）

一九六三年香港東方文學社出版。收錄〈放鳥記〉、〈生命之歌〉、〈距離〉、〈小飯店裏的故事〉、〈小桃子〉、〈寂寞的世界〉、〈山高水深〉、〈解凍的時候〉、〈老與小〉、〈草帽、襪子與黃瓜〉、〈枷和家〉、〈兩面牆〉、〈一枚鎳幣〉、〈圓舞曲〉。

一九八〇年九歌重排初版，增錄朱炎〈序〉；將〈草帽、襪子與黃瓜〉更名為〈太太離家後〉、〈枷和家〉更名為〈枷與家〉；增錄〈審判〉、〈天堂和地獄〉。

二〇〇八年九歌增訂初版，改精裝版，蔡文甫作

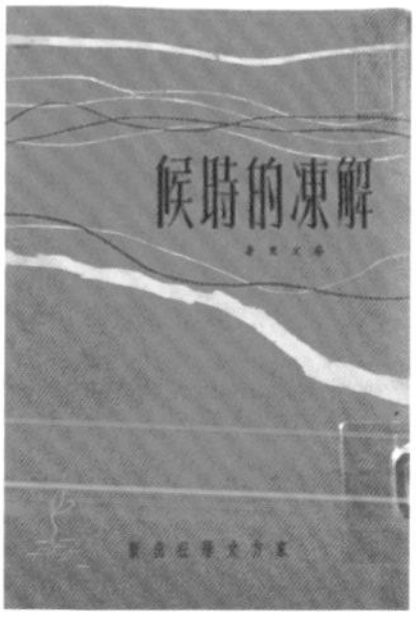

香港：東方文學社（1963.9）

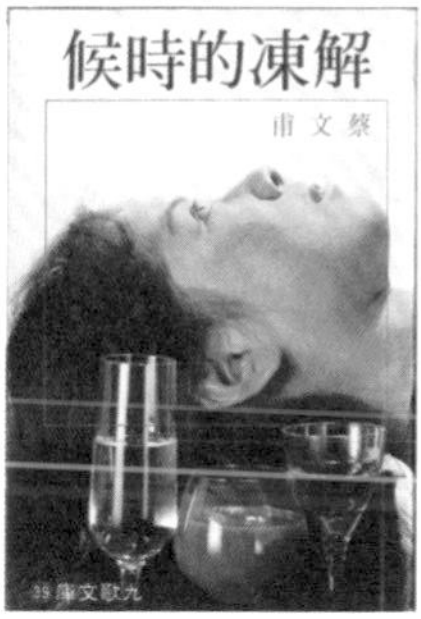

九歌出版｜重排初版（1980.1）

九歌出版｜增訂初版（2008.3）

品集一。增錄〈名家推薦〉（朱炎、胡志德、王克難）；朱炎〈討論現代人生困境〉（原一九八〇版的序）、蔡文甫〈意外的第一步（作者抒感）〉——寫在《解凍的時候》再排新版之前〉；〈小飯店裏的故事〉「裏」換成「裡」字。

《女生宿舍》（短篇小說）

一九六四年馬來西亞曙光公司出版。收錄〈女生宿舍〉、〈「弱者女人」〉、〈收音機的故事〉、〈怒吼〉、〈黃金夢〉、〈三部曲〉、〈三代〉、〈小明的悲哀〉、〈窗外〉、〈入場券〉、〈音樂、迴旋和愛〉。

一九八二年九歌新版。增錄黃崖〈現代．傳統．中國化——寫在《女生宿舍》重印之前〉；增錄〈局外人〉、〈鴿子與田雞〉、〈等〉、〈審判〉、〈缺席婚禮〉、〈演出者〉六篇。

二〇〇二年九歌重排初版，改開本。黃崖〈現代．傳統．中國化——寫在《女生宿舍》重印之前〉改名為〈開創一條又新又活的路——寫在《女生宿舍》重印之前〉。

二〇〇八年九歌增訂初版，改精裝本，蔡文甫作品集二。增錄蔡文甫〈追憶那時代人們的形象——兼

馬來西亞曙光公司出版（1964.1）

九歌出版｜新版（1982.3.10）

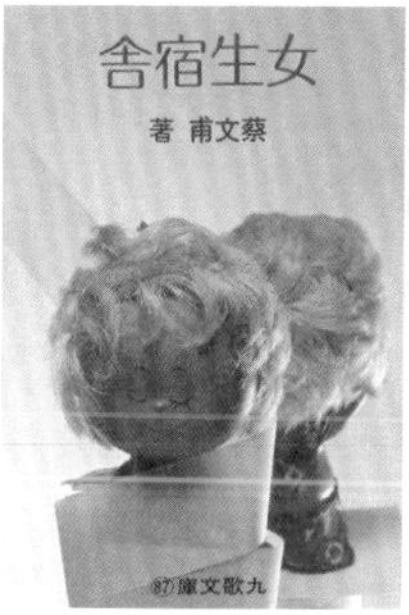

九歌出版｜九版（1990.3.10）

記有關《女生宿舍》的幾件小事〉，說明第三次改版在內容上略有調整，其中作品大多是在馬來西亞《蕉風》月刊發表；增錄〈女生世界〉於原〈演出者〉後；增錄「特載」：黃美惠〈澆灌台灣文壇的深耕者〉。

九歌出版｜重排初版（2002.8.10）

九歌出版｜增訂初版（2008.12.10）

《沒有觀眾的舞台》（短篇小說）

一九六五年文星書店出版。收錄楚茹〈寫在「沒有觀眾的舞台」前面〉、楚卿〈序「沒有觀眾的舞台」〉；〈人獸之間〉、〈背向著電鐘〉、〈父子們〉、〈真和假〉、〈飄渺的煙霧〉、〈七點和八點之間〉、〈失侶孤燕〉、〈永生的葬禮〉、〈饑渴〉、〈獸檻中的熊〉、〈鴨蛋和鴿子蛋〉、〈多角的玩具〉、〈大圓圈〉、〈裸〉、〈報角落的新聞〉、〈怒吼〉、〈玩具手槍〉、〈木桶內的世界〉、〈兩輪的車子〉、〈沒有觀眾的舞臺〉、〈貓王的悲哀〉。

一九八〇年九歌重排初版。〈父子們〉更名為〈父與子〉、〈飄渺的煙霧〉改為〈縹緲的煙霧〉、〈永生的葬禮〉更名〈葬禮〉、〈獸檻中的熊〉更名為〈半截手指〉；刪去〈兩輪的車子〉；〈沒有觀眾的舞臺〉的「臺」換字為「台」。

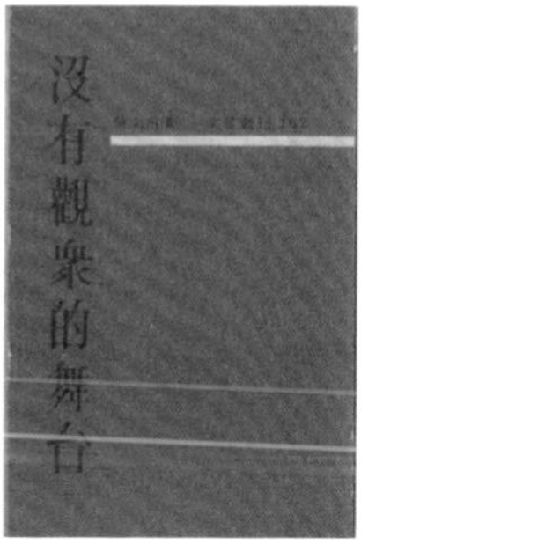

台北：文星書店（1965.7.25）

九歌出版｜重排初版（1980.7.10）

九歌出版｜增訂新版（2009.5.10）

二〇〇九年九歌增訂新版，改精裝版，蔡文甫作品集三。增錄蔡文甫〈文章「人間」事，得失讀友知——寫在《沒有觀眾的舞台》再版之前〉、附「民國五十四年「文星叢刊」七月份新書十種開始預約」之相片；〈葬禮〉改回原名〈永生的葬禮〉、〈饑渴〉的「饑」換字為「飢」；刪去〈怒吼〉；「特載」：楚茹〈追求現代文學的成果〉、楚卿〈領悟而來的思想力量〉，兩篇即原本楚茹〈寫在「沒有觀眾的舞台」前面〉、楚卿〈序「沒有觀眾的舞台」〉，內容上對楚茹一篇有所增補，楚卿一篇未更動。

《飄走的瓣式球》（短篇小說）

一九六六年光啟出版社出版。收錄〈兩兄弟〉、〈兩姊妹〉、〈逃學日記〉、〈金粉世界〉、〈愛的迴旋〉、〈蒙難記〉、〈化裝舞會〉、〈飄走的瓣式球〉、〈豬狗同盟〉、〈最後的晚餐〉〈上坡、下坡〉、〈十字路口〉。

一九八三年九歌重排初版。書名改成《愛的迴旋》；刪去〈金粉世界〉、〈豬狗同盟〉；〈蒙難記〉更名為〈誰是瘋子？〉；增錄「後記」一篇於書末，說明書中文稿大多為四十八至五十五年間所寫，對於某些題材、觀念、技法及時空背景已有若干改變，但為了保持創作時的心態，未作任何更動。（除抽出已編入其他書中的重複作品兩篇，並更換易於上口之書名外，仍按原式排印。）並向光啟的顧保鵠先生允無條件收回自印致謝。

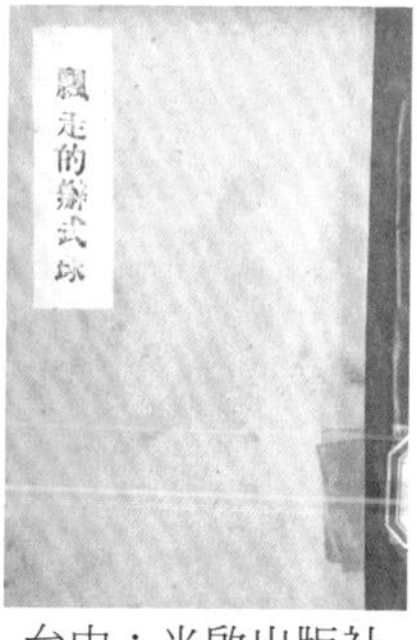

台中：光啟出版社（1966.8）

九歌出版｜重排初版（1983.7.10）

九歌出版｜增訂初版（2009.3.10）

二〇〇九年九歌增訂初版，改精裝版，蔡文甫作品集四。恢復原名《飄走的瓣式球》；增錄蔡文甫〈無風起浪（代序）〉。將一九八三年版的「後記」更換成「特載」蔡文甫〈〈豬狗同盟〉的風波——記載我遭遇的「白色恐怖」〉及作品一覽表。增補回原〈豬狗同盟〉。

《雨夜的月亮》

（長篇小說）

一九六七年皇冠出版。

一九七九年九歌重排新版。增錄〈序〉——董保中〈「雨夜的月亮」中兩種人生經驗〉。

一九八六年福州海峽文藝社出版簡體版。

一九九九年詹姆士出版社出版，英譯本。

二〇〇二年九歌重排初版，改開本。增錄蔡文甫〈常存感恩的

台北：皇冠出版社（1967.8）

九歌出版｜初版｜重排新版（1979.7.10）

福州：海峽文藝出版社（1986.5）

加州：詹姆士出版社（1999.8）

九歌出版｜重排初版（2002.6.10）

九歌出版｜增訂初版（2009.11.10）

心──寫在第三次重排新版之前〉於董保中一文前；增加附錄：李奭學〈天生的凡夫俗子〉、《雨夜的月亮》書評摘錄二篇。

二〇〇九年九歌增訂初版，改精裝本，蔡文甫作品集五。將原李奭學〈天生的凡夫俗子〉改收錄為〈愛與恨交織的情網──《雨夜的月亮》扣人心弦〉；增錄陳克環〈道德與婚姻──論《雨夜的月亮》的主題〉、「特載」：丁文玲〈無盡文學路──蔡文甫以小說顧盼人生〉。

《磁石女神》（短篇小說）

一九六九年廣文書局出版。收錄〈船夫和猴子〉、〈審判〉、〈隔閡〉、〈木舟上〉、〈醉之舞〉、〈棒子的教訓〉、〈愛的陷阱〉、〈不戴斗笠的農夫〉、〈天堂和地獄〉、〈禮拜天的下午〉、〈愚蠢的一羣〉、〈釣魚〉、〈撕碎的鈔票〉、〈失敗的人〉、〈等〉、〈陰後晴〉、〈無題〉、〈慷慨的捐贈〉、〈磁石女神〉。

一九八七年九歌重排初版。去掉〈審判〉、〈天堂和地獄〉、〈等〉；〈失敗的人〉更名〈意外〉、〈無題〉更名為〈非巧合〉；書末增錄「重排新版小記」說明該書是在求新、求變的狂飆時期創作而成。書中部分人物是怪誕的，但基本上描繪人性的善良、剖析善惡曚矓之間微妙關係的原則不變。並致謝廣文書局發行人王道榮先生慨允收回版權。

二〇一〇年九歌增訂新版，改精裝本，蔡文甫作

台北：廣文書局（1969.5）

九歌出版｜重排初版（1987.10.7）

九歌出版｜增訂新版（2010.10.10）

品集七。〈愚蠢的一輩〉「輩」換字為「群」、〈意外〉再更名回原〈失敗的人〉；
增錄「特載」：石麗東〈蔡文甫的文字魔術——從作家到出版人〉。

《霧中雲霓》（短篇小說）

一九六九年仙人掌出版社初版。收錄王鼎鈞〈序〉、〈關於蔡文甫〉；〈蝕本生意〉、〈煤氣．霉氣〉、〈狗咬狗〉、〈半空的喜劇〉、〈醉與醒〉、〈曇〉、〈釣餌〉、〈抓賭記〉、〈霧中雲霓〉、〈勇者的遊戲〉、〈歸途〉、〈陌生人〉、〈多邊的圖形〉。

一九七三年大林出版。收錄文章與仙人掌出版社相同。

一九八一年九歌出版。去掉〈關於蔡文甫〉。

二〇一〇年九歌重排新版，改精裝版，蔡文甫作品集六。序增名為〈有根有本的向陽花

台北：仙人掌出版社（1969.11.25）

台北：大林出版（1973.5.30）

九歌出版｜初版（1981.3.10）

九歌出版｜重排新版（2010.5.10）

木——寫在《霧中雲霓》出版之前〉；增錄〈憒懣的獨白〉、〈沙灘上竹屋〉兩篇；
增錄「特載」：楊在宇〈不凡的凡夫俗子蔡文甫〉。

《玲玲的畫像》（中篇小說）

一九七二年世界文物出版社出版。收錄〈不平行的四邊形〉、〈沙灘上的竹屋〉、〈四男三女〉、〈玲玲的畫像〉、〈出巢記〉。

一九八五年九歌重排初版。刪去〈沙灘上的竹屋〉；書末增錄「重印小記」，說明十多年前書中描繪的人物，和目前（一九八五）青年男女的觀念和行為，還是大同小異，再次表現人性是永遠不會改變的。

二〇一一年九歌重排初版，改精裝版，蔡文甫作品集八。增錄「特載」：唐潤鈿〈父母與青年的借鏡〉、蘇惠昭〈內蘊豐華，瑰麗綿長〉二篇。

台北：世界文物出版社（1972.9）

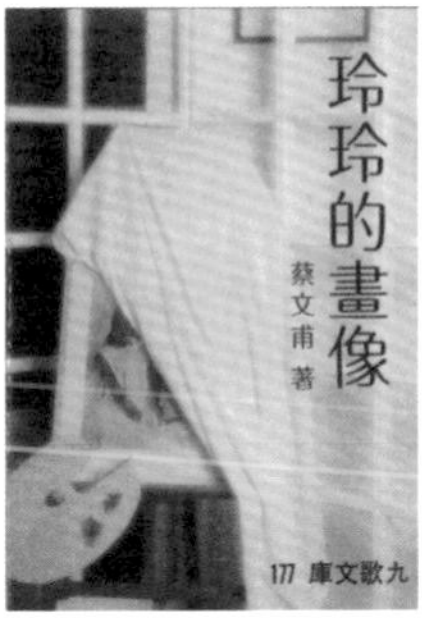

九歌出版｜重排初版（1985.8.10）

九歌出版｜重排初版（2011.3）

《移愛記》（短篇小說）

一九七三年學生書局出版。收錄〈新裝〉、〈釋〉、〈移愛記〉、〈生命和死亡〉、〈敞開的門〉、〈無聲的世界〉、〈背負盾牌的人〉、〈酵〉、〈候車〉、〈綠色波濤〉、〈多走一圈兒〉、〈八哥和兔子〉、〈揉皺的紙團〉、〈彩色的釉〉、〈變調的喇叭〉。

一九八四年九歌重排新版。書末增加附錄：林學禮〈我看「新裝」〉、王少雄〈評介「移愛記」〉二篇。

二〇一二年九歌增訂新版，改精裝版，蔡文甫作品集九。刪去〈變調的喇叭〉及原附錄王少雄〈評介「移愛記」〉；增錄「特載」：周浩春〈筆入三分，峰迴路轉——淺析蔡文甫小說〈移愛記〉藝術手

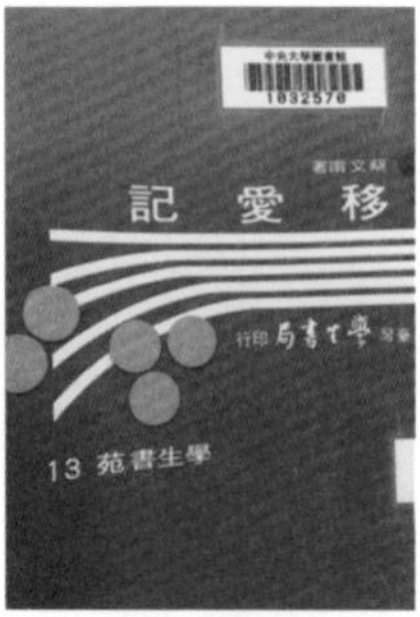

台北：學生書局｜初版（1973.3.10）（平裝）

台北：學生書局｜初版（1973.3.10）（精裝）

九歌出版｜初版（1984.7.10）

九歌出版｜增訂新版（2012.1）

法〉、將原附錄林學禮〈我看「新裝」〉更名為〈現代女性的困擾與煩惱——我看〈新裝〉〉。

《愛的泉源》（長篇小說）

一九七四年華欣文化事業中心出版。

一九九五年九歌重排初版。增錄蔡文甫〈增加了解減少誤會——寫於《愛的泉源》重排新版之前〉；一九七四年五月由華欣文化事業中心印行，但字體較小，一九九五年由九歌放大字跡重新排印，並加入華欣共同發行。

台北：華欣文化事業中心（1974.7）（平裝）

台北：華欣文化事業中心（1974.7）（精裝）

九歌出版｜重排初版（1995.4.10）

九歌出版｜增訂新版（2013.6）

二〇一三年九歌增訂新版，改精裝本，蔡文甫作品集十二。增補蔡文甫〈人生是一連串的錯誤、導正——寫於《愛的泉源》重排三版之前〉為〈增加了解減少誤會〉的增補，增加內容為對李偉教授「對映體結構形態」之論點與提出「形散而神不散」的小說模式表示榮幸與感謝。「特載」：李偉〈對映體結構形態處理技巧——蔡文甫小說《愛的泉源》藝術探討〉。

《蔡文甫自選集》（短篇小說）

一九七五年黎明文化出版。收錄素描、生活照片、手跡、小傳；〈磁石女神〉、〈貓王的悲哀〉、〈新裝〉、〈鴿子與田雞〉、〈一枚鎳幣〉、〈圓舞曲〉、〈小飯店裡的故事〉、〈沙灘上竹屋〉、〈女生宿舍〉、〈放鳥記〉、〈饑渴〉、〈狗咬狗〉、〈生命和死亡〉、〈愛的陷阱〉、〈船伕和猴子〉、〈多角的玩具〉、〈憤懣的獨白〉、〈失敗的人〉、〈棒子的教訓〉；作品書目、作品評論引得。林柏燕云：「收十九個短篇，從《磁石女神》中選五篇，從《解凍的時候》選四篇。其他零星選自於《女生宿舍》、《沒有觀眾的舞台》、《霧中雲霓》、《移愛記》、《舞會》、《玲玲的畫像》。《飄走的瓣式球》未被選錄，目的在於要維持全書一貫的風格。」

一九七七年黎明文化再版。收錄與初版相同。

台北：黎明文化公司（1975.5）

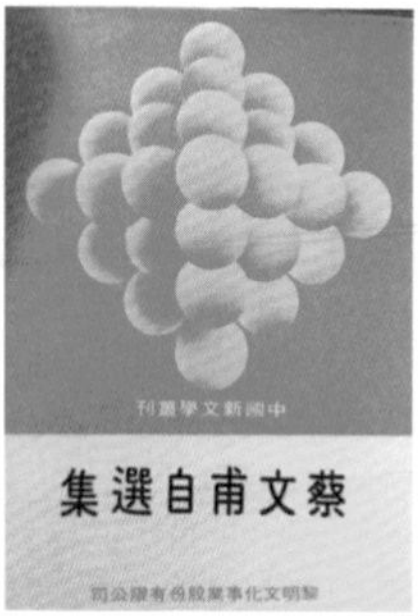

台北：黎明文化公司（1977.10）

《舞會》（短篇小說）

一九七六年華欣文化中心出版。收錄〈鴿子與田雞〉、〈斜分的方塊〉、〈保密〉、〈寒流〉、〈狂亂的樂曲〉、〈圓環〉、〈娃娃世界〉、〈一根繩子〉、〈堤岸〉、〈火花〉、〈撕完的日曆〉、〈舞會〉、〈芒果樹下〉、〈暴風雨〉。

一九八〇年九歌重排新版。開篇增錄：蔡文甫〈驀然回首——寫在《舞會》重排再版之前〉，說明將此書訂正後，重新編印，一做激勵，一作紀念，加入及致謝《華欣》共同發行。刪去〈鴿子與田雞〉；〈寒流〉更名為〈寒流中的暖流〉、〈圓環〉更名為〈前妻的震盪〉、〈娃娃世界〉更名為〈感情陷阱〉、〈堤岸〉更名為〈少年早識愁滋味〉、〈火花〉更名為〈女生世界〉、〈撕完的日曆〉更名為〈成長的代價〉、〈暴風雨〉更名為〈暴風雨中的愛情〉。

台北：華欣文化中心（1976.5）

九歌出版｜重新排版（1980.8）

九歌出版｜增訂新版（2012.5）

二〇一二年九歌增訂新版，改精裝版，蔡文甫作品集一〇。刪去〈女生世界〉；增錄「特載」：符兆祥〈既「新」而又不怪異的作品〉；增錄「蔡文甫作品一覽表」。

《變調的喇叭》（小小說）

一九七七年源成文物供應中心出版。收錄〈舞臺上下〉、〈不停站的汽車〉、〈夕暉〉、〈犧牲〉、〈一塊錢〉、〈自編．自導〉、〈衝〉、〈斷臂記〉、〈信心〉、〈雞蛋的故事〉、〈激動〉、〈相親宴〉、〈太太和牛〉、〈第一課〉、〈神經病〉、〈老與小〉、〈脫險〉、〈閒事〉、〈母親〉、〈悔悟〉、〈怒潮〉、〈考試〉、〈野風〉、〈網內〉、〈波瀾〉、〈前站〉、〈女人，女人〉、〈瘋子〉、〈晴天穿雨衣〉、〈假如電影院像教室一樣〉、〈變調的喇叭〉、〈微波〉、〈偏見〉、〈酷刑〉、〈老沙的困惑〉、〈一瓶牛奶〉、〈颱風前〉、〈小夜曲〉。

一九九一年九歌初版。更名為《變奏的戀曲》；〈雞蛋的故事〉更名為〈婆媳之間〉、〈太太和牛〉更名為〈分期付款〉、〈變調的喇叭〉更名為〈變奏

台北：源成文物供應中心｜初版（1977.2.20）

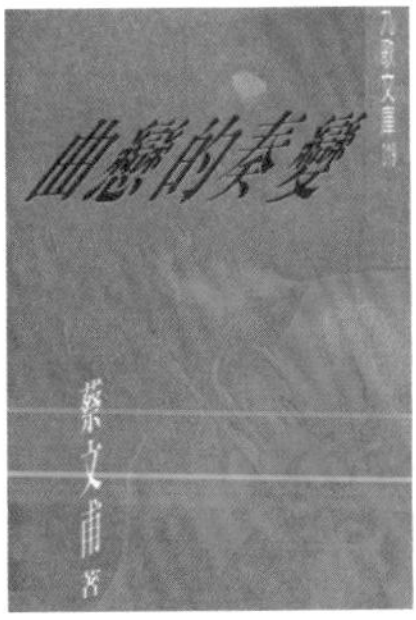

九歌出版｜初版（1991.10.5）

九歌出版｜增訂新版（2013.1）

的戀曲〉。刪去〈閒事〉、〈母親〉、〈怒潮〉、〈考試〉；增錄：蔡文甫〈觀察人生百態——《變奏的戀曲》重排新版小記〉，並致謝源成發行人李文塊先生慨允作者收回版權，九歌用較大字體重排新版。

二○一三年九歌增訂新版，改精裝本，蔡文甫作品集十一。更名回《變調的喇叭》；增錄蔡文甫〈作品和時空的關聯性——《變調的喇叭》再度重排小記〉，敘述受林適存先生的鼓舞，在《中華副刊》發表的篇章最多外，對王玉琴女士以「美學特徵」為考察小說中心，特載此文致謝。增錄〈變調的喇叭〉；「特載」：王玉琴〈蔡文甫小說的美學特徵——以〈誰是瘋子〉為考察中心〉。

《閃亮的生命》（編）

一九七八年九歌出版。收錄李元簇〈序〉、收錄盧申芳、楓紅、劉俠、楊明、宋惠亮、白慈飄、郭錦隆、羽玄、吳英玉、張拓蕪、翟平洋、姚家俊、陳再興、楊明、陳志宏、林保淳等文章；附錄收錄彭歌、宋瑞、陳克環、也行、夏元瑜、董樹藩文章。

二〇〇八年九歌重排新版，調整目錄。收錄盧申芳、楊明、白慈飄、吳英玉、張拓蕪、翟平洋、姚家俊採訪整理及楓紅、劉俠、宋惠亮、郭錦隆、羽玄、張拓蕪、翟平洋、姚家俊、陳再興、陳志宏、林保淳作品；增錄漢寶德〈奮鬥的故事〉；將原收在書末附錄移到書前「赫赫名家．感動推薦」、彭歌〈閃亮的生命〉更名為〈一首悲愴而雄壯的詩〉、李元簇〈序〉更名為〈「傳布信心、描繪希望」〉、夏元瑜〈殘障作家〉更名為〈缺陷反使殘障作家更完整——《閃亮的生命》給人們的啟示〉；拿掉宋瑞、陳克環、也行、董樹藩文章。

九歌出版（1978.3.10）

九歌出版｜重排新版（2008.9.10）

《閃亮的生命散文選》（編）

一九七八年九歌初版。序四篇：朱炎、曉風、李行、宋瑞。第一輯：收錄甘建蘭、劉俠、陶梅蒂、許碧珠、施清文、張拓蕪、羽玄、郭錦隆、陳再興、翟平洋、林保淳、王明德、雷台有、曾國超等文章。第二輯：收錄張惠明、姚家俊、鄭豐喜、羅斯福、拜倫、密爾頓、海倫·凱勒等文章。

九歌出版｜初版
（1978.3）

《中國名人故事》（兒童故事）

一九八三年九歌初版。收錄〈公而忘私的大禹〉、〈中興復國的少康〉、〈革命領袖——湯〉、〈忠貞不貳的伊尹〉、〈以德服人的文王〉、〈一戰成功的武王〉、〈大政治家周公〉、〈德高望重的召公〉、〈不顧私誼的管仲〉、〈年輕有為的子產〉、〈萬世師表孔子〉、〈大哲學家老子〉、〈勇敢的子路〉、〈外交家子貢〉、〈軍事家孫子〉、〈救國愛民的墨子〉、〈不辱使命的晏嬰〉、〈少年英雄汪踦〉、〈忠孝難全的專諸〉、〈戰略家曹劌〉、〈清高廉潔的介子推〉、〈不忘忠信的鉏麑〉、〈誓復祖國的申包胥〉、〈捨身衛國的叔詹〉、〈不忘一飯之恩的靈輒〉、〈誓守信義的程嬰〉、〈以誠退敵的華元〉、〈正氣凜然的太史〉、〈接受意見的晉獻公〉、〈臥薪嘗膽的句踐〉、〈起死回生的扁鵲〉、〈友義的聶家姊弟〉、〈深得軍心的吳起〉、〈豪爽的孟嘗君〉、〈信賞必罰的商鞅〉、〈足智多謀的孫臏〉、〈勤學的蘇秦〉、〈三遷教子的孟母〉、〈不辱國體的藺相如〉、〈負荊請罪的廉頗〉、〈嫁女兒給河神的李冰〉、〈憂國投江的屈原〉、〈報答厚情的侯嬴〉、〈殺美人賠罪的平原君〉、〈忠於太子的黃歇〉、〈脫穎而出的毛遂〉、〈使用火牛的田單〉、〈為君買義的馮驩〉、〈弄巧反拙的豎穀陽〉、〈身懷大志的張儀〉。

九歌出版｜初版
（1983.3）

《阿喜阿喜壞學生》（編）（兒童故事）

一九八九年九歌初版。收錄琦君、羅蘭、林良、林文月、嶺月、楊小雲、康芸薇、王令嫻、魏惟儀、周腓力、周芬伶、侯文詠等作品。

九歌出版｜初版
（1989.7）

《找對醫生看對病——名家求診．名醫解答》（醫學常識）

一九九四年健行初版。和丁華華合編、每一病症由一位專業醫師解答。附錄三篇以表格呈現。收錄陳維昭〈對症下藥，藥到病除——寫在《找對醫生看對病》一書之前〉、劉華昌〈醫師和病患之間的溝通橋樑〉、朱樹勳〈能了解各種疾病及治療過程〉；名家：楊乃藩、陳立德、楚戈、季季、鍾雷、姜穆、琦君、廖輝英、林明憲、華民、丁田、張紹載、李中和、張明源、段彩華、方祖燊、無名氏、公孫嬿、張曉風、施良貴、陳火泉、鄭美、溫小平、廖玉蕙、郭嗣汾、藍婉秋、郜瑩、秋七七等文章；丁華華〈了解病痛，克服病痛〉（編後記）；附錄：什麼病看什麼科、疾病症狀、治療一覽表、疾病徵兆一覽表。

健行文化｜初版
（1994.6）

《船夫和猴子》（短篇小說）

一九九四年九歌初版，配合英譯版本。胡志德〈寫人非常成功．寫困境不同凡響〉；〈船夫與猴子〉、〈憤懣的獨白〉、〈新裝〉、〈放鳥記〉、〈失敗的人〉、〈磁石女神〉、〈鴿子與田雞〉、〈背向著電鐘〉、〈木桶內的世界〉、〈小飯店裡的故事〉、〈父與子〉、〈三代〉、〈釋〉、〈芒果樹下〉、〈沒有觀眾的舞台〉、〈解凍的時候〉；柯蘇珊〈是文化與文學的雙重經驗和享受〉、王克難〈選譯者的話〉、蔡文甫〈後記〉；附錄：〈蔡文甫作品一覽表〉。蔡文甫〈後記〉主要敘述何以同意王克難女士譯英文本之緣由，王女士選錄的各篇皆是蔡文甫自認花費很多心血營造過的作品，對王女士細心深入研究與翻譯作品之心表示感謝。

一九九四年詹姆士出版社出版。英譯本，本書改為中英對照，分為下列兩冊。《船夫和猴子．中英對

九歌出版｜初版
（1994.11.10）

九歌出版｜初版
（2009.9.10）

九歌出版｜初版
（2009.10.10）

照》、《小飯店裡的故事．中英對照》。

二〇〇九年九歌出版。即《船夫和猴子．中英對照》（附朗讀光碟）。收錄〈船夫和猴子〉、〈憤懣的獨白〉、〈新裝〉、〈放鳥記〉、〈失敗的人〉、〈磁石女神〉、〈鴿子與田雞〉；將柯蘇珊〈是文化與文學的雙重經驗和享受〉、王克難〈選譯者的話〉，移置胡志德文章後，選文前。

二〇〇九年九歌出版。即《小飯店裡的故事．中英對照》（附朗讀光碟）。增加附錄一篇（張素貞）；刪去〈後記〉；收錄〈背向著電鐘〉、〈木桶內的世界〉、〈小飯店裡的故事〉、〈父與子〉、〈三代〉、〈釋〉、〈芒果樹下〉、〈沒有觀眾的舞台〉、〈解凍的時候〉；附錄：張素貞〈蔡文甫筆下突圍的女子〉、〈蔡文甫作品一覽表〉。

《天生的凡夫俗子》（傳記）

二〇〇一年九歌初版。傳記。

二〇〇五年九月增訂二版，改精裝版。更名為《天生的凡夫俗子——從〇到九的九歌傳奇》；增加附錄：孫康宜〈蔡文甫現象〉、吳鳴〈素樸人生〉、李瑞騰〈一山的雄偉與青翠〉、徐開塵〈蔡文甫低調而不俗〉。

九歌出版｜初版（2001.10.4）

九歌出版｜增訂二版（2005.9.4）

《李冰鬥河神：中國名人故事（一）》（兒童故事）

二〇一〇年九歌重排新版。從原《中國名人故事》改編。〈大禹公而忘私〉、〈中興復國的少康〉、〈革命領袖——湯〉、〈忠貞不貳的伊尹〉、〈文王以德服人〉、〈武王一戰成功〉、〈大政治家周公〉、〈召公德高望重〉、〈不忘忠信的鉏麑〉、〈不忘一飯之恩的靈輒〉、〈大哲學家老子〉、〈誓復祖國的申包胥〉、〈晏嬰不辱使命〉、〈年輕有為的子產〉、〈捨身衛國的叔詹〉、〈李冰嫁女兒給河神〉、〈商鞅信賞必罰〉、〈憂國投江的屈原〉、〈殺美人賠罪的平原君〉、〈毛遂脫穎而出〉、〈報答厚情的侯嬴〉、〈藺相如不辱國體〉、〈廉頗負荊請罪〉、〈勤學的蘇秦〉、〈身懷大志的張儀〉；鄒敦怜〈延伸閱讀〉。

九歌出版｜重新排版（2010.1）

《火牛陣：中國成語故事》（兒童故事）

二〇一〇年九歌重新排版。從原《中國名人故事》改編。〈戰略家曹劌〉、〈孔子為萬世師表〉、〈勇敢的子路〉、〈子貢是外交家〉、〈少年英雄汪錡〉、〈接受意見的晉獻公〉、〈介子推清高廉潔〉、〈程嬰誓守信義〉、〈管仲不顧私誼〉、〈正氣凜然的太史〉、〈忠孝難全的專諸〉、〈軍事家孫子〉、〈墨子救國愛民〉、〈以誠退敵的華元〉、〈忠於太子的黃歇〉、〈句踐臥薪嘗膽〉、〈豎穀陽弄巧反拙〉、〈孫臏足智多謀〉、〈豪爽的孟嘗君〉、〈馮驩為君買義〉、〈田單使火牛陣〉、〈深得軍心的吳起〉、〈起死回生的扁鵲〉、〈孟母三遷教子〉、〈友義的聶家姊弟〉；王儀貞〈延伸閱讀〉。

九歌出版｜重新排版
（2010.2）

《成長的故事》（收錄蔡文甫早期發表報章雜誌的故事）

二〇一〇九歌初版，蔡文甫作品集十三。陳素芳〈寫的是全世界相通的人性——蔡文甫談《成長的故事》〉；〈相親宴〉、〈犧牲〉、〈哥·驢·來和去〉、〈愛的力量〉、〈新聞一則〉、〈懸崖〉、〈綠衣使者的獨白〉、〈成長的故事〉、〈良辰吉日〉、〈醒〉、〈希望〉、〈她要活下去〉、〈恐怖之夜〉、〈愛的迴旋〉（廣播劇劇本）、〈出巢記〉（電視單元劇劇本）；「特載」：彭蕙仙〈我是笨人做笨事〉。

九歌出版｜初版（2010.3）

（曾淑梅整理；照片由九歌出版社、中央大學提供）

報導及評論目錄

專書與學位論文

【專書】

1. 蔡文甫《天生的凡夫俗子》：台北，九歌出版社，二〇〇一年十月。
2. 蔡文甫《天生的凡夫俗子——從〇到九的九歌傳奇》（增訂二版）：台北，九歌出版社，二〇〇五年九月。
3. 溫潘亞、沐金華、孫曉東主編《人性的解讀—蔡文甫小說研究》：台北，九歌出版社，二〇一一年八月。

【學位論文】

1. 魏晚薌《蔡文甫中短篇小說人物形象研究》：高雄師範大學國文教學碩士班碩士論文，林雅玲教授指導，二〇一五年。

作家生平資料

【自述】

1. 蔡文甫〈作家書簡——王宇清自美來函・尹雪曼猶太・張自英辦世界畫刊・王聿均文被抄襲・王鼎鈞健康欠佳・蔡文甫專心教書・羅盤下期「應命」〉：《亞洲文學》，五十一期，一九六四年九月十五日，頁四十一—四十一。
2. 蔡文甫〈友情，永不凋謝的朵花！——本刊主持人王臨泰先生車禍負傷，大作家們紛紛致函慰問——小說作家蔡文甫〉：《亞洲文學》，一〇〇—一〇一期，一九六九年九月十日，頁三十三—三十四。
3. 蔡文甫〈後記〉：《愛的迴旋》，台北，九歌出版社，一九八三年七月，頁二五一。
4. 蔡文甫〈重印小記〉：《玲玲的畫像》重排三版，台北，九歌出版社，一九八六年十一月，頁二七三—二七四。
5. 蔡文甫〈重排新版小記〉：《磁石女神》，台北，九歌出版社，一九八七年十月，頁二五九。

6. 蔡文甫〈觀察人生百態──《變奏的戀曲》重排新版小記〉：《變奏的戀曲》，台北，九歌出版社，一九九一年十月，頁一─二。

7. 蔡文甫〈後記〉：《船夫和猴子》，台北，九歌出版社，一九九四年十一月，頁二四五─二四七。

8. 蔡文甫〈增加了解減少誤會──寫於《愛的泉源》重排新版之前〉：《愛的泉源》，台北，九歌出版社，一九九五年四月，頁一─二。

9. 蔡文甫〈〈豬狗同盟〉的風波──記我遭遇的「白色恐怖」〉：《文訊》，一七七期，二〇〇〇年七月，頁八十五─八十六。

10. 蔡文甫〈奏九歌而舞韶兮──自謙凡夫的出版人蔡文甫〉：《新觀念》，一五九卷，二〇〇一年，頁二十七─三十三。

11. 蔡文甫〈時空與角色不斷變易──記與鍾肇政兄的文學因緣〉：《文訊》，二一四期，二〇〇三年八月，頁十一─十一。

12. 蔡文甫〈意外的第一步（作者抒感）──寫在《解凍的時候》再排新版之前〉：《解凍的時候》，台北，九歌出版社，二〇〇八年三月，頁十一─十三。

13. 蔡文甫〈追憶那時代人們的形象——兼記有關《女生宿舍》的幾件小事〉：《女生宿舍》，台北，九歌出版社，二〇〇八年十二月，頁三—六。

14. 蔡文甫〈無風起浪（代序）——恢復原書名，並追憶險釀成文字獄過程〉：《飄走的瓣式球》，台北，九歌出版社，二〇〇九年三月，頁三—五。

15. 蔡文甫〈文章「人間」事，得失讀友知——寫在《沒有觀眾的舞台》再版之前〉：《沒有觀眾的舞台》，台北，九歌出版社，二〇〇九年五月，頁三—五。

16. 蔡文甫〈常存感恩的心——寫在第三次重排新版之前〉：《雨夜的月亮》，台北，九歌出版社，二〇〇九年十一月，頁五—六。

17. 蔡文甫〈驀然回首——寫在《舞會》重排再版之前〉：《舞會》，台北，九歌出版社，二〇一二年五月，頁五—六。

18. 蔡文甫〈作品和時空的關聯性——《變調的喇叭》再度重排小記〉：《變調的喇叭》，台北，九歌出版社，二〇一三年一月，頁三—四。

19. 蔡文甫〈人生是一連串的錯誤、導正——寫於《愛的泉源》重排三版之前〉：《愛的泉源》，台北，九歌出版社，二〇一三年六月，頁三—四。

【他述】

1.管瓊〈從「解凍的時候」到「沒有觀眾的舞臺」——簡介我所認識的蔡文甫先生〉：《自由青年》，三十四卷七期，一九六五年十月一日，頁十七—十八。

2.王鼎鈞〈序〉：《霧中雲霓》，台北，大林出版社，一九七三年五月三十日，頁一—二。

3.〈關於蔡文甫〉：《霧中雲霓》，台北，大林出版社，一九七三年五月三十日，頁三—四。

4.〈小傳〉：《蔡文甫自選集》，台北，黎明文化事業股份有限公司，一九七五年五月，頁一—二。

5.李奭學〈天生的凡夫俗子〉：《自由時報》副刊，二〇〇二年一月三十一日；《雨夜的月亮》，台北，九歌出版社，二〇〇二年六月，頁三四五—三四八。

6.李瑞騰〈一山的雄偉與青翠——記蔡文甫先生〉：《人間福報》九版，二〇〇二年十一月十九日；《從〇到九的九歌傳奇——天生的凡夫俗子》，台北，九歌出版社，二〇〇五年九月，頁五〇三—五〇六。

7.孫康宜〈蔡文甫現象〉：《自由時報》副刊，二〇〇三年三月十二日；《從〇到九的九歌傳奇——天生的凡夫俗子》，台北，九歌出版社，二〇〇五年九月，頁四八三—四九一。

8. 徐開塵〈蔡文甫低調而不俗〉：《民生報》A13，二〇〇五年七月二十三日；《從〇到九的九歌傳奇——天生的凡夫俗子》，台北，九歌出版社，二〇〇五年九月，頁五〇七—五〇九。

9. 邱莉燕〈蔡文甫只愛書不愛黃金屋〉：《今周刊》，四五三期，二〇〇五年八月二十九日；《九歌繞樑三十年》，台北，九歌出版社，二〇〇八年十月，頁三九。

10. 蘇惠昭〈內蘊豐華，瑰麗綿長——蔡文甫創辦的九歌出版王國〉：《文訊》，二六六期，二〇〇七年十二月，頁一〇八—一一七；《玲玲的畫像》，台北，九歌出版社，二〇一一年三月，頁二三七—二五四。

11. 黃美惠〈澆灌台灣文壇的深耕者〉：美國舊金山《世界日報》〈金山人語〉專欄，二〇〇八年一月九日；《女生宿舍》，台北，九歌出版社，二〇〇八年十二月，頁二一六—二一八。

12. 王慈憶〈從學員、教員到創辦人——蔡文甫先生與文協小說組及其延續〉：

《文訊》，二八一期，二〇〇九年三月，頁一〇〇—一〇二。
13. 彭蕙仙〈我是笨人做笨事——九歌創辦人蔡文甫用心護守台灣文學〉：《新活水》雙月刊，二十七期，二〇〇九年一二月，頁五十一—五十五。
14. 楊在宇〈不凡的凡夫俗子蔡文甫〉：《霧中雲霓》，台北，九歌出版社，二〇一〇年五月，頁二四一—二四七。
15. 沐金華〈前言〉：《人性的解讀——蔡文甫小說研究》，台北，九歌出版社，二〇一一年八月，頁十一—十三。
16. 古遠清〈蔡文甫與台灣當代文學〉：《人性的解讀——蔡文甫小說研究》，台北，九歌出版社，二〇一一年八月，頁十五—三十三。
17. 古遠清〈不盡的文化芬芳——蔡文甫回鄉記〉：《人性的解讀——蔡文甫小說研究》，台北，九歌出版社，二〇一一年八月，頁一九一—一九八。
18. 曹惠民〈蔡文甫精神之魅力〉：《人性的解讀——蔡文甫小說研究》，台北，九歌出版社二〇一一年八月，頁三十五—四十九。
19. 向陽〈文學傳播的掌舵者——蔡文甫與九歌出版社〉：《文訊》，三二五期，二〇一二年十一月，頁十—十四。

20. 李瑞騰〈那汗流浹背的身影——悼念蔡文甫先生〉:《文訊》,四一八期,二〇二〇年八月,頁一六三—一六七。

21. 陳素芳〈那些字條和那把椅子——懷念蔡文甫先生〉:《文訊》,四二〇期,二〇二〇年十月,頁一七〇—一七一、一七四—一七五。

【訪談、對談】

1. 林婷、墨高慧〈文學與報紙副刊——訪蔡文甫先生談〉:《幼獅文藝》,第六十八卷第五期=四一六期,一九八八年十一月,頁十三—十六。

2. 水雲〈編輯人群像(三):輕炙慢烤小菜香——訪華副主編蔡文甫〉:《新書月刊》,十四卷一九八四年十一月,頁八十四—八十五。

3. 丁允〈沒有灌溉那有花——訪中華副刊主編蔡文甫談副刊文化〉:《中央月刊》,第二十四卷第六期,一九九一年六月,頁一一五—一一六。

4. 馮季眉〈給年輕人一把梯子——專訪蔡文甫先生〉:《文訊》,一〇〇=一三八卷,一九九七年四月,頁九十一—九十四。

5. 陳以信〈陳學聖 v.s 蔡文甫:探索國民黨禁區〉:《中央綜合月刊》,三十三:五卷,二〇〇〇年五月,頁三十三—三十五。

6. 蘇惠昭〈親炙大師，世代交流——訪九歌發行人蔡文甫、總編輯陳素芳〉：《文訊》，三五四期，二〇一五年四月，頁一〇三—一〇九。

作品評論篇目

【綜論】

1. 書評書目〈作家書目（王文漪、蔡文甫、鍾雷）〉：《書評書目》，二十一卷，一九七五年一月，頁八十六—八十八。
2. 唐潤鈿〈父母與青年的借鏡〉：《國語日報》「好書引介」，一九八六年九月九日；《玲玲的畫像》，台北，九歌出版社，二〇一一年三月，頁二三五—二三六。
3. 胡志德〈寫人非常成功·寫困境不同凡響〉：《船夫和猴子》，台北，九歌出版社，一九九四年十一月，頁三—六。
4. 丁文玲〈無盡文學路——蔡文甫以小說顧盼人生〉：《雨夜的月亮》，台北，九歌出版社，二〇〇九年十一月，頁三五五—三五九。

5. 張平〈淺談蔡文甫短篇小說的意識流手法〉：《人性的解讀——蔡文甫小說研究》，台北，九歌出版社，二〇一一年八月，頁一五三—一六二。

【分論】

〈小說〉

《解凍的時候》

1. 朱炎〈序〉：《解凍的時候》，台北，九歌出版社，一九九四年十二月，頁一—三。

《女生宿舍》

2. 黃崖〈現代．傳統．中國化——寫在《女生宿舍》重印之前〉：《女生宿舍》，台北，九歌出版社，一九八二年三月，頁三—六。

《沒有觀眾的舞台》

3. 楚茹〈寫在〈沒有觀眾的舞台〉前面〉：《沒有觀眾的舞台》，台北，文星書店，一九六五年七月，頁一—四。

4. 楚卿〈序「沒有觀眾的舞台」〉：《沒有觀眾的舞台》台北，文星書店，一九六五年七月，頁五—六。

《玲玲的畫像》

5. 徐峰〈拯救與呈現——蔡文甫中篇小說集《玲玲的畫像》淺析〉：《人性的解讀——蔡文甫小說研究》，台北，九歌出版社，二〇一一年八月，頁一三三—一四二。

《雨夜的月亮》

6. 竹樵〈推介《雨夜的月亮》〉：《中華日報》副刊，一九七八年二月七日。
7. 陳克環〈道德與婚姻——論《雨夜的月亮》的主題〉：《新生副刊》，一九七九年十月二十三日；《雨夜的月亮》，台北，九歌出版社，二〇〇九年十一月，頁三四九—三五四。
8. 李奭學〈愛與恨交織的情網——《雨夜的月亮》扣人心弦〉：《中華日報》副刊，一九七九年十二月四日；《雨夜的月亮》，台北，九歌出版社，二〇〇九年十一月，頁三四五—三四八。
9. 董保中〈「雨夜的月亮」中兩種人生經驗〉：《聯合報》十二版，一九七九年六月二十八日；《雨夜的月亮》，台北，九歌出版社，二〇〇九年十一月，頁七—十二。

10. 李寧〈人生的雙重世界——我讀《雨夜的月亮》〉：《中華日報》副刊，一九七九年九月十七日。

11. 賴都〈讀《雨夜的月亮》〉：《台灣時報》十二版，一九七九年十月三日。

12. 范雪霞〈我讀《雨夜的月亮》〉：《中華日報》副刊，一九七九年十一月二十五日。

13. 竹樵〈剖析人性的書——《雨夜的月亮》給人們的震撼〉：《九歌雜誌》，第五期第二版，一九八〇年六月十日。

14. 愷扉〈《雨夜的月亮》的啟示〉：《台灣新生報》十二版，一九八〇年十月三日。

15. 練文修〈人生價值的表現——蔡文甫《雨夜的月亮》的藝術魅力〉：《九歌雜誌》，二版，一九八六年十一月十一日。

16. 睦琛〈關於《雨夜的月亮》及其作者〉：《九歌雜誌》，第二一五期第三版，一九九九年二月二日。

17. 潘海鷗〈愛情的考驗考出了人性的美醜——讀蔡文甫先生的《雨夜的月亮》〉：《人性的解讀——蔡文甫小說研究》，台北，九歌出版社，二〇一一年八月，頁一一五—一三二。

18. 符兆祥〈既「新」而又不怪異的作品——談蔡文甫的小說集《舞會》〉；《舞會》，台北，九歌出版社，二〇一二年五月，頁二二九—二三二。

《舞會》

19. 李偉〈對映體結構形態處理技巧——蔡文甫小說《愛的泉源》藝術探討〉：《人性的解讀》，台北，九歌出版社，二〇一一年八月，頁九十七—一一四。

《愛的泉源》

20. 柯蘇珊〈是文化與文學的雙重經驗和享受〉：《船夫和猴子》，台北，九歌出版社，一九九四年十一月，頁二四一。

《船夫和猴子》

21. 王克難〈選譯者的話〉：《船夫和猴子》，台北，九歌出版社，一九九四年十一月，頁二四三—二四四。

22. 孫曉東〈穿行於傳統與現代之間的蔡文甫小說創作——以小說集《船夫和

猴子》與《小飯店裡的故事》為例〉：《人性的解讀——蔡文甫小說研究》，台北，九歌出版社，二〇一一年八月，頁五十一—七十一。

《成長的故事》

23. 陳素芳〈寫的是全世界相通的人性——蔡文甫談《成長的故事》〉：《文訊》，二九三期，二〇一〇年三月，頁三十七—三十九；《成長的故事》，台北，九歌出版社，二〇一〇年三月，頁三—八。

〔蔡文甫自傳〕

24. 吳鳴〈素樸人生——評《天生的凡夫俗子：蔡文甫自傳》〉：《聯合報．讀書人》三十版，二〇〇一年十一月十二日；《從〇到九的九歌傳奇——天生的凡夫俗子》，頁四九三—五〇一。

25. 歐宗智〈不凡的文藝園丁——欣見《蔡文甫自傳》問世〉：《文訊》，一九四期，二〇〇一年十二月，頁二十五—二十六。

26. 黃守誠〈此凡此俗何處尋？——試評《蔡文甫自傳》〉：《明道文藝》，三一二期，二〇〇二年三月，頁一三六—一三九。

〔文集〕

《蔡文甫自選集》

27. 林柏燕〈評李喬、王鼎鈞、蔡文甫自選集〉：《書評書目》，三十三期，一九七六年一月，頁三十七—四十三；《文學印象》，台北，大林出版社，一九七八年八月，頁二一五—二二六。

〔編著〕

《閃亮的生命》

28. 黃武忠〈不倒的塑像——評蔡文甫編〈閃亮的生命〉〉：《書評書目》，六十四卷，一九七八年八月，頁一一〇—一一四。

29. 張騰蛟〈強者的故事——介紹〈閃亮的生命〉（蔡文甫編）〉：《出版與研究》，二十七卷，一九七八年八月，頁四十一。

30. 朱星鶴〈把生命放在手中——評介〈閃亮的生命〉（蔡文甫編）〉：《國魂》，三九四卷，一九七八年九月，頁七十四—七十五。

31. 黃章明〈暢銷書〈閃亮的生命〉（蔡文甫編）〉：《出版與研究》，三七卷，一九七九年一月，頁十。

〔單篇作品〕

〈移愛記〉

32. 林柏燕〈評〈移愛記〉〉：《中華日報》副刊，一九七四年三月；「作品評論引得」：《蔡文甫自選集》，台北，黎明文化事業股份有限公司，一九七五年五月。

33. 唐吉松〈淺談〈移愛記〉（蔡文甫著）〉：《書評書目》，十三卷，一九七四年五月，頁七十一—七十七。

34. 林學禮〈我看〈新裝〉〉：《中國語文》，二〇六期，一九七四年八月，後增名為〈現代女性的困擾與煩惱——我看〈新裝〉〉，台北，九歌出版社，二〇一二年一月，頁二三〇—二三八。

35. 王少雄〈評介〈移愛記〉〉：《臺灣時報》，一九七五年一月。

36. 周浩春〈筆入三分，峰迴路轉——淺兮蔡文甫小說〈移愛記〉藝術手法〉：《人性的解讀——蔡文甫小說研究》，台北，九歌出版社，二〇一一年八月，頁一七五—一八九。

〈變調的喇叭〉

37. 丁樹南〈小小說的結構與趣味——兼評蔡文甫的〈變調的喇叭〉〉：《書評書目》，六十一卷，一九七八年五月，頁一三三—一三六。

〈誰是瘋子〉

38. 鍾虹〈〈沒有觀眾的舞臺〉讀後感〉：《公論報》副刊，一九六五年九月；「作品評論引得」：《蔡文甫自選集》，台北，黎明文化事業股份有限公司，一九七五年五月。

39. 王玉琴〈蔡文甫小說的美學特徵——以〈誰是瘋子〉為考察中心〉：《人性的解讀—蔡文甫小說研究》，台北，九歌出版社，二〇一一年八月，頁七十三—九十六。

〈鴿子與田雞〉

40. 陶文靜〈追尋心靈最高的真實—淺談小說〈鴿子與田雞〉的畫面描寫及象徵意義〉：《人性的解讀——蔡文甫小說研究》，台北，九歌出版社，二〇一一年八月，頁一四三—一五二。

〈三部曲〉

41. 王金陽〈另闢蹊徑的愛情哲學和情節結構——蔡文甫短篇小說〈三部曲〉讀後〉：《人性的解讀——蔡文甫小說研究》，台北，九歌出版社，二〇一一年八月，頁一六三—一七三。

〔多篇作品〕

42. 張素貞〈蔡文甫筆下突圍的女子——「背向著電鐘」與「釋」〉：《中國語文》，第七十六卷第一期＝四五一期，一九九五年一月，頁五十—五十五。

〔其他〕

43. 編輯部〈文協小說研究組第二期結業同學題目錄——王立忠．何純照．王荷生．吳亞正．吳伯剛．李實．宋仁宜．李淑珍．周介塵．周宗盛．周月筝．柯和坤．馬延齡．徐先樹．馬超蓉．徐其玉．陳士忠．張叔南．張子梅．程扶錞．曾諦岑．舒暢．彭文堅．黃肯平．黃榮華．詹邦畿．黃創基．楊允祚．楊思諶．楊蘊端．楊德全．萬集豪．鄭毓珊．盧克彰．蔡文甫．戴中一．鍾虹．蕭華峯．羅栩．本組參加研究會員名單〉：《文藝創作》，二十九期，一九五三年九月一日，「編輯部」——頁一二三。

44. 文星本社〈「文星叢刊」七月份新書十種詳目——溫妮的世界（遊記卅四篇）魏惟儀著・朱夜小說選（短篇小說十篇）朱夜著・沒有觀眾的舞台（短篇小說廿一篇）蔡文甫著・還魂草（詩四十七首）周夢蝶著・現代電影導演散論（電影論評三十篇）魯稚子著・為中國現代畫壇辯護（繪畫論評）黃朝湖著・荊齋八十年（傳記一冊）徐蔭祥著・逍遙遊（散文二十篇）余光中著・現代社會現代人（思想論述十二篇）何秀煌著・批評中的歷史（歷史十篇）劉鳳翰著〉：《文星》，一六卷三期，一九六五年七月一日，頁七十一—七十二。

45. 李令儀〈眾多文友齊集祝賀劉俠讓蔡文甫紅了眼眶〉：《九歌雜誌》，二四八期三版，二〇〇一年十一月十日。

46. 石麗東〈蔡文甫的文字魔術——從作家到出版人〉：《磁石女神》，台北，九歌出版社，二〇一〇年十月，頁二四八—二五五。

〔作品一覽表、作品書目、作品評論引得〕

47. 〈作品書目〉：《蔡文甫自選集》，台北，黎明文化事業股份有限公司，一九七五年五月，頁二七九。

48.〈作品評論引得〉：《蔡文甫自選集》，台北，黎明文化事業股份有限公司，一九七五年五月，頁二八〇。

49.〈蔡文甫作品一覽表〉：《船夫和猴子》，台北，九歌出版社，一九九四年十一月，頁二四九—二五三。

50.〈蔡文甫作品一覽表〉：《解凍的時候》，台北，九歌出版社，二〇〇八年三月，頁二二〇—二二二。

51.〈蔡文甫作品一覽表〉：《飄走的瓣式球》，台北，九歌出版社，二〇〇九年三月，頁二三三—二三六。

52.〈蔡文甫作品一覽表〉：《霧中雲霓》，台北，九歌出版社，二〇一〇年五月，頁二四九—二五一。

53.〈蔡文甫作品一覽表〉：《舞會》，台北，九歌出版社，二〇一二年五月，頁二三三—二三七。

54.〈蔡文甫小說作品集〉：《愛的泉源》，台北，九歌出版社，二〇一三年六月，頁二三八。

（資料：曾淑梅整理）

附錄

蔡文甫先生線上追思座談會程序表

日期	2021 年 7 月 11 日（星期日）	
場次	時間	主持人／主講人
開幕	14：00 ｜ 14：10	李瑞騰致詞 蔡澤玉致詞
座談	14：10 ｜ 15：10	趙慶華談文學（臺灣文學館助理研究員） 書寫人生的橫切面──蔡文甫先生的文學世界
		汪淑珍（靜宜大學中文系副教授兼系主任） 談蔡文甫先生的出版
		楊宗翰談編輯（淡江大學中文系副教授） 像他這樣一個副刊編輯──蔡文甫與《中華日報》
追思	15：10 ｜ 16：30	蕭蕭（蕭水順，明道大學特聘講座教授） 蔡文甫健步而行的啟發
		向陽（林淇瀁，臺北教育大學臺灣文化研究所退休教授） 潤澤綿遠，典範長昭──追思蔡文甫先生
		陳素芳（九歌出版社總編輯） 言必稱九歌
		開放發言

凡夫俗子不凡不俗的一生
——蔡文甫先生線上追思座談會側寫[1]

曾淑梅

前言

九歌出版社的創辦人蔡文甫先生於去年（二〇二〇）七月十五日逝世，二〇二一年七月十一日由國立中央大學人文研究中心與九歌文教基金會共同策辦線上追思會來感念蔡先生的一生，由趙慶華談蔡先生的文學、汪淑珍談出版事業、楊宗翰談編輯，並邀請蕭蕭、向陽和陳素芳談蔡先生其人其事。

蔡澤玉／不管父親在哪，他的精神永在！

蔡先生的女兒蔡澤玉十分感動好友與前輩願意在假日出席，她談起出版業因疫

1　本文已刊《文訊》，四三〇期，二〇二一年八月，頁一二一－一二四。

情遭受嚴重的衝擊，特別是近幾個月書店都無人上門，也笑說若父親還在肯定會著急問：「怎麼辦還不能上班？」

蔡澤玉眼中的父親，是出版界不斷奮鬥的開拓者，即便蔡先生已離世，可是蔡澤玉認為父親仍在身邊支持她、支持出版這條道路，她說：「不管父親在哪裡，不管現在面臨多嚴峻的事情，父親的精神與身影將會永久存在大家心裡。」

趙慶華／一直堅持小說是寫人生的橫切面

蔡先生幾乎一生都在替別人出書，而他所寫的小說卻較少人閱讀。一九五一年蔡先生在《中華日報．副刊》發表第一篇短篇小說〈希望〉，開啟他日後持續寫作的動機。一九六六年四月發表《豬狗同盟》一文，深陷白恐風波，雖事件平安度過，但也影響其小說創作內容和方向，趙慶華對此，認為是造成蔡先生小說寫的都是「圍城裡的世界」，主要描述的是婚姻、愛情、家庭倫理與道德等日常普通人會面臨的掙扎與矛盾。蔡先生於一九五〇年隻身來台，親歷顛躓流離的生活，使其創作具深刻對小人物同情的理解，除此，蔡先生曾兼任《中華日報》汐止特派記者，間接地影響不少作品採新聞報導的模式。趙慶華認為：「從傳統步入到現代的社會轉型當中，人的處境改變是蔡先生在作品中想要呈現、想要告訴讀者的。」

汪淑珍／談蔡文甫先生的出版

一九七八年蔡先生創立九歌出版社，在經營上保有文學出版社的本質，竭盡心力傳承優秀的作品，同時與時俱進，依不同讀者需求出版各類書籍。蔡先生願意站在出版人的角度出版好書，即便是做吃力不討好之事，故在榮獲第二十九屆金鼎獎特別獎（二〇〇五）頒獎致詞時，提及他做的都是沒有人願意做之事，應獲「特別糊塗獎」、「特別傻瓜獎」。汪淑珍歸納「九歌」從二〇〇四年開始規劃一系列書籍，有「以文類而編」、「依作家而成」、「九歌叢刊」、「九歌少兒書房」及為文壇史料進行整理的年度選文、《中華現代文學大系》（一）、（二）集、《尤利西斯》與《神曲》全譯本等一系列書籍，處理起來相當花費功夫，可是蔡先生不畏懼版權討論之繁瑣、作家與原出版社討論之困難，一心為讀者出好書的精神相當令人佩服。

楊宗翰／蔡文甫與《中華日報》

一九四六年，中國國民黨在台南創辦《中華日報》，蔡先生於一九七一年任副刊主編，他擔任主編一職前並無相關編副刊的經驗，在稿費少、成本高，加上地方性限制等情況，蔡先生卻持續編了二十一個年頭，栽培無數作家，帶領《中華日報》成為不可忽視的文藝園地，在個人的華副主編歷程也立下不少輝煌事功，實在不易。論及蔡先生的編輯心法，楊宗翰認為是：「平易、平實與平衡，見其編法，如見其人」，唯一遺憾的是，蔡先生生前並未留下談論自己相關編輯的資料或專書，甚為可惜。

蕭　蕭／蔡文甫健步而行的啟發

回憶起蔡先生，蕭蕭認為「九歌」可說是撐起台灣半個文壇，蔡先生不凡的眼界與胸懷，把文學迎向了生活的日常，提升了大眾的心靈，綠化了文學的沙漠。追憶起蔡先生對文學的堅持、嚴謹與勤快，蕭蕭將蔡先生接辦的健行出版社，與其每日的晨運形象相比擬：「手上轉滾兩丸鐵球就像日月交互運轉，永不停息，同時兩腳又在疾行中，風雨無阻，身體力行『健行』兩字」，是天行健的現實人生典範。蕭蕭在生命與寫作皆深受蔡先生的影響，自述至今仍習慣性投稿《中華日報》、閱讀《中華日報》新聞雲、參與蔡先生所創立的專欄作家社團的例常活動。

向　陽／潤澤綿遠，典範長昭

「每在翻讀九歌出版的書籍時，腦海就會浮現文甫先生的笑容」向陽眼中的蔡先生是性格急、說話快，卻從不擺架子、具仁厚之風、出書有氣魄的長輩。回顧蔡先生為台灣文學付出的心血和經緯遠圖，向陽說：「出版大系需要召集龐大的人力、財力與資源，蔡先生用他一人的文學理念促成這樁文壇盛事。」《新世紀二十年詩選（二〇〇一－二〇二〇）》是蔡先生逝世前出版的最後一套選集，精選近二十年來六十位台灣詩人經典之作，呈現新世紀二十年詩壇的轉變與風采，向陽說：「這些選集，投資成本高，無利可圖，文甫先生卻一肩承擔，逐一完成，他不僅是出版家，也是台灣文學傳播的掌舵者。」

陳素芳／言必稱九歌

九歌總編輯的陳素芳不捨地說：「若是蔡文甫先生在現場，他一定會說：『謝謝，那怎麼好意思』」，在九歌工作已超過自己歲數大半的陳素芳至今仍認為蔡先生只不過暫時在樓上休息，並沒有離開。由於蔡先生是第二期「小說寫作班」的成員，對當年師友相當感念，成立九歌文教基金會後，特請李瑞騰教授指導九歌小說寫作班，出版學員的作品，呈顯蔡先生十分珍視文學情誼。蔡先生除了是陳素芳的老闆，彷彿也扮演了父親、老師兼好友，她感慨地說：「追隨蔡先生三十八年。他的務實，他時時以文學優先的精神，是我一生學也學不完的功課。」

張曉風／拿了一手不好的牌，卻打贏一場漂亮的人生

張曉風認為蔡先生年少開始四處奔波的人生、沒有受過良好的教育，「雖然拿了一手不好的牌，卻漂亮打贏了人生」。張曉風回想前些年到鹽城參觀蔡先生只讀三十九天的學校，當時現任及歷任共四位校長皆趕來會面，感謝蔡先生願意慷慨送給學校許多書籍。在擔任副刊主編時，由於《中華日報》沒有其他家報社的優勢，蔡先生用他那不十分標準的國語，一顆誠懇、真摯的心，鍥而不捨地把《中華日報》經營地有聲有色。

廖玉蕙／與九歌緣分綿延，感念蔡文甫先生

作家廖玉蕙追憶起蔡先生鼓勵年輕作家出版一事，讓她銘記在心，因她曾經就

是深受蔡先生照拂提攜的文壇新人之一。廖玉蕙說，她會讓自己的書繼續在九歌出版，作為感謝與懷念蔡先生的方式。她並自我勉勵繼續寫出清新動人的書籍。

羊憶玫／為「梁實秋文學獎」找一個好婆家

身為蔡先生在華副的同事，現已退休的羊憶玫特別感念蔡先生為梁實秋文學獎的貢獻，她回憶蔡先生和余光中先生兩人籌辦的梁實秋文學獎，由於舉辦文學獎相當不易，《中華日報》正面臨無法繼續辦理獎項的困境，蔡先生雖已退休卻仍掛念報社、關心文學獎的發展，毅然決然由九歌文教基金會接手舉辦，最後則是把獎項交給臺師大主辦。梁實秋文學獎曾歷經的兩次危機，都是由蔡先生主動出面解決，這個獎項才能被保留至今，蔡先生曾說：「他要為這獎項找一個好婆家」透顯出他是真正、積極地為文學付出與關心。

封德屏／懷念蔡先生的聲音與相貌

《文訊》雜誌社社長兼總編輯的封德屏，感謝蔡先生是開啟《文訊》跨界跨領域的重要人物。封德屏說起她昔日經常打電話到九歌請教蔡先生文學史料的問題，若問題是蔡先生電話當下沒想到的，隔天他想到便會立即回覆，讓她相當感謝蔡先生的教導。蔡先生雖已離世，但他的聲音與相貌仍時時圍繞封德屏的心頭，她時常想起日常的下午，在電話裡聽到蔡先生的聲音，既懷念也感謝他對自己的栽培，這份情感會永遠銘記在心。

結語

眾人齊聚線上追憶與蔡文甫先生相處的過程，現場氣氛溫馨感人，集結小說家、編輯家與出版家於一身的蔡先生雖已遠行一年，但他對台灣文學傳播的貢獻已在各處開花結果，雖然蔡先生的小說目前尚未被廣為討論，裡頭有許多豐富的文學內蘊與文學價值有待後人細細探索與挖掘。

蔡先生曾說：「九歌事業體一直有計劃地想留給社會一些東西，希望將來在文學史上能占有個空間」，繼承衣缽的蔡澤玉秉持父親的遺志，持續為台灣文學的出版、教育與推廣而努力。

本文作者曾淑梅，現為中央大學中國文學系碩士生。

追思座談會貴賓合影。

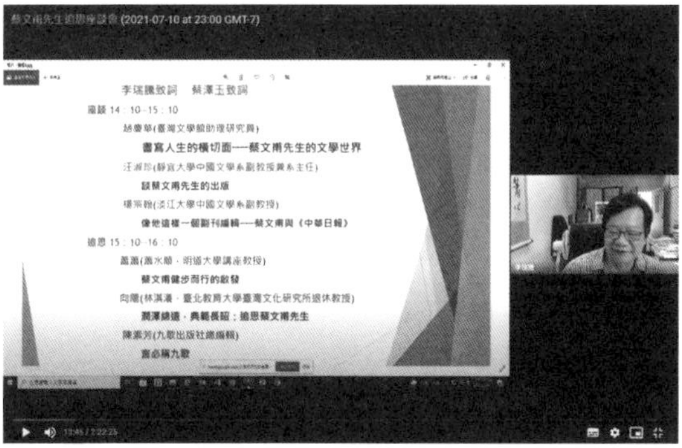

中央大學李瑞騰教授主持開幕。

九　歌　文　庫　1　3　6　4

蔡文甫先生
——凡夫俗子不凡不俗的一生

國家圖書館出版品預行編目（CIP）資料

蔡文甫先生：凡夫俗子不凡不俗的一生／李瑞騰主編．-- 初版．--
臺北市：九歌出版社有限公司，2021.11
面；　公分．--（九歌文庫；1364）
ISBN 978-986-450-368-1（平裝）

1. 蔡文甫　2. 臺灣傳記

783.3886　　110015658

主　　編——李瑞騰
編　　輯——鄧曉婷、曾淑梅
創 辦 人——蔡文甫
發 行 人——蔡澤玉
出版發行——九歌出版社有限公司
臺北市八德路 3 段 12 巷 57 弄 40 號
電話／ 25776564 傳真／ 25789205
郵政劃撥／ 0112295-1

九歌文學網　www.chiuko.com.tw

印　　刷——晨捷印製股份有限公司
法律顧問——龍躍天律師 · 蕭雄淋律師 · 董安丹律師
初　　版——2021 年 11 月

定　　價——260 元
書　　號——F1364
I S B N——978-986-450-368-1